MITEINANDER
REDEN

沟通的力量

重塑沟通的心智模式

[德] 弗德曼·舒茨·冯·图恩——著
高 畅——译

天津出版传媒集团
天津人民出版社

图书在版编目（CIP）数据

沟通的力量：重塑沟通的心智模式 / (德) 弗德曼·舒茨·冯·图恩著；高畅译. -- 天津：天津人民出版社, 2020.9

ISBN 978-7-201-16406-9

Ⅰ. ①沟… Ⅱ. ①弗… ②高… Ⅲ. ①心理交往—通俗读物 Ⅳ. ①C912.11-49

中国版本图书馆CIP数据核字(2020)第162110号

Author: Friedemann Schulz von Thun
Title: MITEINANDER REDEN 2. STILE, WERTE UND PERSÖNLICHKEITSENTWICKLUNG: DIFFERENTIELLE PSYCHOLOGIE DER KOMMUNIKATION

Simplified Chinese language edition arranged through Beijing Star Media Co. Ltd., China.

著作权合同登记号：图字02-2020-39号

沟通的力量：重塑沟通的心智模式

GOUTONG DE LILIANG: CHONGSU GOUTONG DE XINZHI MOSHI

出　　版　天津人民出版社
出 版 人　刘　庆
地　　址　天津市和平区西康路35号康岳大厦
邮政编码　300051
邮购电话　（022）23332469
电子邮箱　reader@tjrmcbs.com

责任编辑　陈　烨
策划编辑　唐　三　辜香蓓
装帧设计　尚世视觉

制版印刷　晟德（天津）印刷有限公司
经　　销　新华书店
开　　本　880毫米×1230毫米　1/32
印　　张　9
字　　数　200千字
版次印次　2020年9月第1版　2020年9月第1次印刷
定　　价　52.00元

序言

就我所获悉的众多积极反馈，《沟通的力量：极简沟通的四维模型》的出版引起了人们对沟通心理学的兴趣。并且，人们关于在中小学、高校以及成人教育机构中设置沟通心理学这门课程的呼声也在不断增加。

与此同时，通过与参加这些课程并从事着相异工作的男女进行研讨，我发现，人们同他人沟通以及建立关系的方式千差万别，针对他们的个性发展需要的是完全不同的点拨。甚至，我们自己也时常将一些“正确”的事情告知给“错误”的人。

为了使读者在没有看第一部的情况下也能读懂第二部，我在第二部中会简短地回顾人际沟通的四维模型。

在1984—1988年，这本书已经在汉堡大学的“交流与个性”课堂中完成了它的“试映”。期间，我的学生们向我反馈了他们数以百计的个人经历。在此，十分感谢他们提供的真实经验素材。这些素材和他们的一些研究工作在这本书中也有所提及。

我力求以贴近生活的平实语言阐释我的观点，在这方面，我得到了安妮特·博纳极大的帮助。而书稿质量的提高得益于我同妻子英格丽德的学术探讨，其中的支持、鼓励和批评、质疑几乎同等重要。在原稿的创作上，多亏克劳迪娅·沃佩尔和英格丽德·比格纳一如既往的支持。我在此致以衷心的感谢！

目　录

第一章

从一般到特殊的心理沟通模式

很大程度上，表达方式以及人际交往、确立关系的方式共同决定了个人幸福和事业发展。之前，人们将这一领域交给专家学者们进行研究，而如今，我们可以自己培养个人沟通能力，以求得个性的进一步发展。因此，毫无疑问，过去十年来，已经有许多德国人通过阅读有关这个主题的书籍，或是参加与此有关的自我觉察小组，或是通过在职进修的培训班或高中课程接触过沟通心理学。

不夸张地说，在所有专业化的在职培训和进修深造中，沟通心理学已经成了一门举足轻重的学科。

教师、医生、银行家、警察、技术员和士兵，所有行业中的行政管理人员及所有的产品销售专员，他们都会学习有关沟通心理学方面的课程。因为，在管理人员的工作中经常需要与人打交道。也就是说，在复杂混乱的状态下，大多数工作都会在由诸多矛盾因素支配的机构制度化平台中展开。这些因素包括：合作与竞争，等级划分与同事情谊，人性化与绩效考核，参与谈论与全权决策，透明度与保密性。

一项针对人事经理和培训专家的调查得出了如下结果：沟通和人格将成为未来管理人员的基本要求——在这之后，普通人也将格外关注这些问题。

同样，在其他社会领域里，往日的角色模式也将迅速转变，在这个转变的过程中将会暴露出非常多的新的人际关系的挑战。例如：医患关系方面，政客与选民之间，成人教育中的教师与课程参与者之间，销售人员与顾客之间，等等。

这方面的挑战同样适用于私人生活领域之内，特别是许多女性开始更自信地提出自己的意见，这使两性间的沟通模式发生了显著改变。

传统的男女分工模式是：情感上较为克制的男性通过强调自己卓越的理性，倨傲地给予女性恩赐般的教导来控制双方的情感走向。必要时，他们会以装腔作势的姿态和攻击性的行为来保证自己的主导优势。女性则倾向于欣然附和、全心奉献，并处于劣势地位。她们委屈自己，成全对方，有时会通过情感流露使彼此之间的关系活跃而融洽。

但如今，这样的传统分工模式已经不再行之有效了，新的伴侣关系模式常常也起不到什么作用，因为这些关系都没有足够而彻底地深入对方的内心世界——在已雕琢成的男性和女性的“木雕”之上，在新刷的清漆之下，那些旧日的纹理还在闪现。

成人教育机构使沟通心理学大获成功，因此如果我现在和交警、行政官员、乘务员或经理打交道——很有可能与我交谈的就是一名“受培训人员”。但就在此刻，有种不好的感觉向我袭来——人际交往难道已成了一个职业化、心理学化的领域吗？还是说，它在这儿开辟了一条更好的通往人类相互理解、沟通的希望之路，以实现在职业生活以及政治活动中人们所急需的顺畅交流？

1981年，我在《沟通的力量：极简沟通的四维模型》中整体概括了不同流派关于沟通心理学的建议，并制订了一些实践方案。在“从行为美化到个人发展”的指导思想下，我试图明确指出——社会沟通心理学的主旨并非只想着传授“新的说话方式”，或者某种对于话语权的完善方式，而是旨在引导人们注意抓住对话内容的内核信息。由此，现在的我们得到了什么呢？我们变得更加诚实、更能理解他人、更善于对话了吗？我们学会倾听了吗？我们可以感知到话语背后的想法并能对此做出回应了吗？我们有更多的勇气站在自己的立场，清楚地表达我们的所思所想和所需了吗？或者，我们只是培养了几个将“心理语言”作为一种新的外语来掌握，并以腐化、浮夸的方式在日常生活中大肆庆贺的新式模范学生。

然而，最主要的可能是受训的痛苦。这种痛苦源于人们在速成班习得的“谈话技巧”正在湮没他们有缺陷的个性本体。

基于以上问题的大规模实践调查从未开展过，在我看来，那种一切都同处于一个矛盾混合体的说法还是有些道理的。这样一来，我们都有必要在个人方面以及社会关系方面被加以区分。

如今，在我看来，亲自对沟通心理学进行部分修正和复查似乎是有可能且是非常必要的。正确的认识是——沟通心理学的任务不仅在于解释（如解释典型障碍是怎么发生的），更在于塑造（如何能更好地相处）。

对此，我提供了一些中肯的建议："我—信息"，主动倾听，从关系层面出发区分事情的本体，说话时采取便于对方理解的辅助手段（如手势、表情等），反馈，自我披露，等等。沟通心理学似乎会借助于这些建议宣告一种会让当今世人都竭力效仿的"沟通典范"。由此，它也部分地催生了一场新的"选美比赛"，在这场比赛中，完美的交流方式有时比话语的实质内容更加惹眼。

不管怎样，以上提到的建议都可以在人际沟通时用来提高人（无论是信息发送者还是信息接收者）的感知敏锐度。不过，作为一种沟通典范的组成部分，这些建议的适用范围也会受自身限制，无法做到准确把握。因此，我认为，我们完全没有必要舍弃理想概念。相对来说，双重区分反而是很有必要的。

第一，理想的（有益的，合乎目的的，恰当的）沟通取决于整体的情况和事件的特点，以及“我”赋予这一场合的价值。并非每种情况都会吸引“积极的听众”，真实的“我—信息”也可能变得完全“不合时宜”。有些情况下，“辅助手段”还会使一切变得更加糟糕——那种能根据整体情况进行合理沟通的能力，需要其他形式的训练作为常规沟通培训内容的补充。

第二，无论是在情景还是在个人方面，区分的存在都是有必要的。在第一学年的沟通课程里，教员的“智囊”里塞满了各式各样的理论、练习和行为建议，我们或多或少地认为这些理论、练习和行为建议对所有人都会有所裨益。比如说，通过“积极的倾听”跟随谈话对象的话语，切身体会对方的主观世界，并学着从字里行间中感知对方的情感信息。或者更加明确地感知自己的内心世界，再将感知到的内容转换成清楚的表达（“我—信息”）。想要做到这一点，还需要克服一些暴露出来的对于自我的恐惧，这类恐惧会让我们习惯性地外显出一种“表面”，而在它背后隐藏着的却是我们自以为寒酸的真实自我。

总体来说，这些方式都挺好的。事实上对受文化形态影响的我们来说，这些基本的沟通能力都是值得我们所有人期待的，很多人都想要立即掌握。然而，随着时间的推移，我们发现对每个个体来说，全然相同的建议和练习并不是急切需要的；恰恰相反，一些人似乎已经拥有了过多的那些他人所急需的东西。

如此一来，就会产生将“正确”的信息告知给了“错误”的人的危险。在本书中，我会对这种情况详细说明。说到对触及人格内核能力的习得——经证实，人们应脱离标准去训练、去洞察单一的个体，对他们的独特方式做出反应，并与他们建立稳固的关系。然后，在这期间展现自己的潜力和优势。当然，这在某种程度上要有所保留和约束——因为弱点也会显露出来。而克服这些弱点的方法，则基于每个人的差异需进行完全不同的点拨。

本书的主旨正是着眼于这些差异。起初，我打算将两部分工作——情境差异和个性差异——集中在一本书里完成。但后来，事实证明，后者的内容太过丰富，需要单独成册出版。

与第一部书相比，这本书的内容得到了进一步扩展——增添了自大的装腔作态，对于弱点的掩饰和看似完美的表面之下的破绽以及作为研究核心的耐受性。这里所指的“风格”是一种（在社会特别是在男性看来是普遍的）特殊情况，同时也是八种不同的沟通模式之一。对于它们的阐述（详见本书第三章），构成了本书[①]的核心部分（见图1）。

---

① 在本书第三章的插图中，类型以及性别的排列顺序是随机且变化多样的。尽管存在被认为是“典型女性”或“典型男性”的类型，但我并不想由此固化“一切都蕴藏在每一个男女中”这种陈腐观念。至于其他途径——刻画中性人物形象——被证明是缺乏表现力的。

需求依恋型

助人型

自我牺牲型

恶意贬低型

证明自我型

主导控制型

疏离型

夸大倾诉型

图1

在本书中，我对表面的概念做出了新的诠释，更确切地说，之前的诠释已被证明是不恰当的。因为它让人们产生了一种概念——人们手持着一面朝向外界的“虚伪盾牌”，用来隐藏其后的真实面目。简单地说，就是不想展示自己“真实”的一面。

没错，任何展现“外在”的方式方法都会与其“内在”相协调。内在不易察觉，就连当事人自身也只能或多或少地对它有所知觉。虽然如此，外在行为其实是一种非常特别的“传记”般的发展成果——与其说它像一个门面，不如说它更像一张在艺术审美下塑造而成的面具——这样的面具导致了我们只能隐约捕捉到那些藏于背后的面容。

面具和它背后被积聚和抑制的个人情绪、愿望和恐惧一样，同属于个体自身。为了在与最重要的人共同生活的第一年里守护自我空间以及免受伤害，面具的塑造非常有必要。从这方面来看，“外在”行为并不是一种需要尽快抹去的虚伪丑陋，而是个体值得被珍视的一部分；只要“真实”，即使它像一张沟壑纵横的脸庞，那也是个体传奇故事的真实见证。

因此，我所要讲的内容并不是“摆脱表面”，而是逐渐认清你用来展现“外在”的方式方法，并以此构建关系，学着理解这种模式给你带来的好处、便利以及阻碍。不要片面地把你与你的外在形象等同起来——它们确实很重要而且属于你，但其“背后”的内在心境也是你的重要构成部分。有了它，你不会使关系戛然而止或是被重新修复——正是那种受到折损的关系使我们疏远了我们自身，沦为机器。这就像是一台被编程过后没有选择自由的电脑，它注定要一次次为相同的“输入”提供千篇一律的“输出”。

在介绍八种沟通模式的时候，我会反复运用我的三种思维工具，它涉及以下结构模型。

我会在开篇对这三种模式进行详细介绍（本书第二章）的原因就在于，它们对于了解人际沟通领域的特征及特点具有普遍的意义。

从“信息维度”就能看出，在沟通中我是将它作为一般沟通心理学的基本模型引入的。在这里我对它的运用将带有一些其他的意图，即在八种沟通模式的四个维度（事实维度、自我表达维度、关系维度和诉求维度）中突出各自的核心信息。这些核心信息无须通过话语发送，而以可觉察的方式从信息发送者的身上表露出来——信息发送者使用这种方式将信息发送到了信息接收者的前意识以及潜意识中。

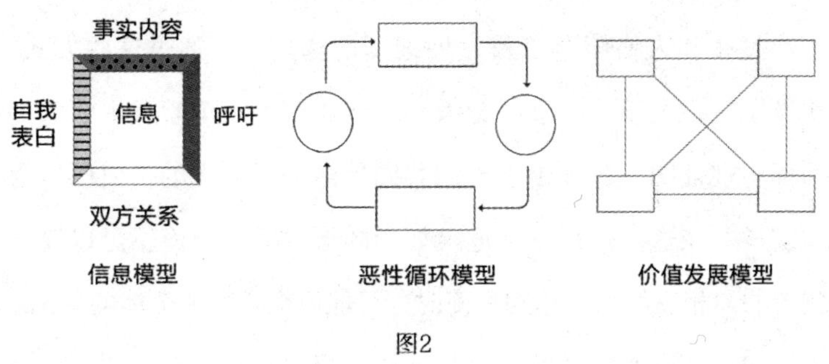

图2

恶性循环和以下认识密切相关：一个人的沟通特性不仅反映了他的个性和心理状态，这种特性还在关系动力学范畴中一度引起关注并被进行了标准化的分类。通过将注意力转移到关系动力学上，我寄希望于发现个人和系统动因之间的相互联系，并期望以此发现个性和关系中的一致性。

在价值发展模型中，我给出了这样一种观点：个性价值和沟通美德是辩证的结构化产物。也就是说，在紧绷的对立状态中，必须（刚好被确定）形成一种积极的等价物，不然就将陷入失去价值的境地。所以，如果将接受对方的能力同对抗的能力结合起来，久而久之，便会对关系的良性发展起到建设性的作用；相反，缺少对立的接受将会变成畏惧矛盾冲突的和谐表现，它与频频爆发的冲突一样，都会对关系造成严重危害。而后者若没有认同态度的调和，不久也将以毁灭性的失败告终。

对此，在第二章中会详细阐述。

我着手研究海尔维格的价值维度理论，并将其运用于人际沟通过程和人格塑造以及发展维度的构建中。通过这些方式，我做了一种关于“心理美德教育”的尝试。八个模式中的每一种都将被证明——其中于人们共同生活必不可少的价值已成为现实——在这一过程中，危险如影随形，即当价值不足以通过相应的“相反特质”达到平衡时，可能就会转变成个体的负担。

成人教育心理学的愿景与这样的想法息息相关，即帮助个体发现对他来说值得期待的个性发展方向，并随时做好迈出第一步的准备。它的实现有赖于人性认识的普遍改善。我们通过这样的方式守护着人性认识：立即停止对旁人奇异与陌生之处的谴责，非理性失控或仍以一种天真的方式落入情感之网。这种方式更能让人们用精湛的理解力破译其真实含义，同时使移情和界限确定有了可能。

故此，本书是以拓展人性内核和人的理解能力为主要内容的，并不涉及对某种“强化沟通的最优行为”的习得。在人们真的变得“更多”之前——通常，这本书的内容大多只用于从自身出发去做到更多。

第二章

沟通心理学的三大思维工具

第一节 信息维度

本章我会介绍三个和沟通有关的思维工具。第一个是我在1977年和1981年提出并在这之后不断获得好评的“信息维度”。下面我会简要回顾“信息维度”的相关内容，并根据本书主旨有所删减，关于它的详尽说明请参阅《沟通的力量：极简沟通的四维模型》一书。

在沟通中，备受人们关注的是：某人表达的到底是什么意思，以及做什么能博得别人的好感之类的问题。显然，为这些问题筛选出合适的观点并不是一件容易的事情。于是我就想到了信息这一概念，并按照信息在实际参与和精神上同时生效的四个维度加以区分。

事实维度：涵盖了所传达事物和事实发展过程中的相关信息。

自我表达维度[①]：信息发送者通过它来表达一些自己的事情——有关他的性格和当前的心境（现在的他可能处于有意识

① 比起“自我表述”，我更倾向于使用（自我表达）这个中性概念；前者过多强调“自我表述”，这会在成人教育中引起不必要的担心。

的自我描述状态，也可能处在或多或少地自愿打开心房、披露自我的状态之中）。

关系维度：信息发送者借此表示他对信息接收者的看法和评价，以及他对自己与对方关系的定义。

诉求维度：即在某个方面施加影响的尝试，以特定的方式思考、感受或者行事。

结合这些不同维度的信息，便会产生这样的认识：一个信息——现在最好称为信息传导——同时囊括很多不同的消息，这些消息承载于四个维度之上，其中被明确讲出的常常只有一方面（通常是事实维度），其他的所有消息则藏身于“字里行间”，但这类信息却并不会因此而失去意义和效用。

当一位母亲没好气地对她处于青春期的儿子说道：“你的床单那里又有污渍了！”在某种情况下，所思会从所言（和非语言示意）中被揭示出来，那就是我们不光乐于接受事实维度上的消息，而且还对其他三个维度上的消息感兴趣。这是因为从原则上来讲，基于母亲“自我表达维度”①以上的这种消息只为她自己所知（并且有时甚至连她自己也不完全明了）。在这点上存在着认知和情感误解的根源。

① “自我表达”一词在德语中只用于涉及过去的想象内容（回忆）。在这里，这个词是指那种有一定规律或是任意由思维、感觉和意愿杂糅而成的混合物，它直接以言语为基础，并经常待在“暗处”，需要自我解释的帮助。

可能儿子听到的母亲的“自我表达”是这样的：“我是道德净化的使徒，让我气愤的是，我又一次发现了你犯的严重过错的痕迹！”或者，可能她想表达的是：“我有一个问题，就是……”同样，在关系维度：也许她想表达“你现在是个男子汉了，自然也会有性需求”，而儿子的“关系耳朵”接收到的信息是这样的：“我又把你给逮着了，你这个没有节制的坏家伙。”“诉求耳朵”可能听到的是：“控制住你自己。”与此相反，母亲想表达的可能是“你就不能用手纸吗”？

现在的问题不在于儿子是否真的完全领会了母亲的意思，而是面对激烈的冲突，母亲是否恰当地规避了误解，并改用一种“不那么伤人”的表达方式。在这里，我们只是用这个例子来形象地说明一个普遍原理——对应表达的四个维度的是信息接收者拥有的“四只耳朵”。在解码接收到信息的过程中，四只耳朵在很大程度上共同决定了此刻所说的话会以什么形式“到达”接收者处。

他试图用“事实耳朵”理解与事实有关的信息内容（在所给出的例子中就是，儿子并不明白“污渍”是指什么）。

他用“自我表达耳朵”进行信息接收：母亲的指责到底是怎么回事，她在想些什么——她的表达中带有怎样的情绪和动机？

他用“关系耳朵”进行领会：母亲对他的评价可能是什么样的，同时感到自己受到了不公平的对待（被训斥，让其感到羞愧，被指责）。信息接收者的这些情绪在很大程度上接近于其所接收到的关系信息，这些关系信息是一个人自我价值感的主要来源。

“诉求耳朵”帮他听出要求，即他感到母亲对自己所提出的要求（例如：别这么做了）。这只耳朵尤其会受到“压力”的影响，这种“压力”会和一种表达相结合，处于这种压力下的信息接收者会觉得自己受到了限制。

在沟通心理学工作中（成人教育，辅助解释），信息维度模型被允许用于对信息发送者以及信息接收者的调节和控制。对于后者而言，每个人的“四只耳朵”都具有一定的特殊性和偏好，通过细致入微的方式可以显示出这种特殊性和偏好是如何更进一步地确定谈话方向的，对于某种内心状态和性格定位是如何同某只耳朵的偏好联系到一起，以什么样的方式将沟通方式打上相对应的烙印的，这些问题都会在之后的内容中变得清晰起来。

从信息发送者的角度来看，这一切又是什么样的呢？有一句俗语是这样说的：“人们怎么想就怎么说，像是长了张鸟嘴一样！”我们说得更精确些：“像是长了四张嘴！”沟通方式会根据这四个嘴的大小和形状而发生不同的变化。后面我们将明确指出每种样式的一条特殊而典型的“基本信息”，并在信息的维度结构中对其进行详细分析。

这里的基本信息和一些重复出现的信息组合有关，这些组合会触及信息接收者，并以某种方式构建联系。信息组合（例如：

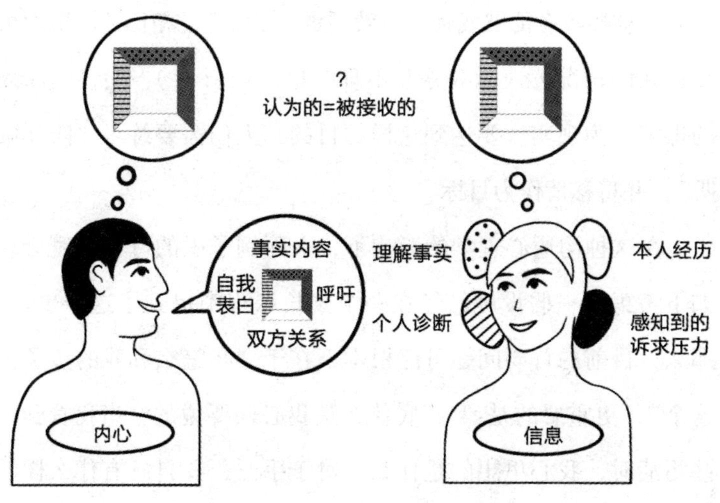

图3　一种表达的沟通心理模式

我很无助，几乎坚持不下去了，你这么强，一定要帮我——不然我就一无所有了）绝不会被逐字逐句地说出，而可能是（给出一种调子，旋律在最与众不同的变奏中一再响起）通过话语、表情、手势、行为，甚至是整体的“气质”显露出来。并且，（通常）气质是通过触发同伴的特定情绪和行动意愿来施加影响的。

以上就是关于信息思维本质联系的内容。而借此机会，我以图3为基础，对成人教育应用沟通心理学的两个方面进行了区分和描述，主要受到的是人文心理学的启发，旨在使信息发送者的“内在心语”和“外在表达”达到进一步的统一。这需要训练自我知觉朝真实性的目标看齐。

信息接收者能够发现话语背后的“心语”，相比话语层面可能存在的情况（谈话双方互不理解地自说自话），能将更深入的理解变为现实。要达到这样的目的，人们需要练习“四耳倾听”，并将移情作为目标。

在这种沟通心理学的影响下，上面例子中的母亲大概会有如下考虑——假设她已经在一个家长课程中提到了这个事件。那么，目前的首要问题可能根本不在于“我怎么和我的孩子说这个”，更重要的是：“到底什么是我必须要说的？当我看到这些污渍时，我心里想的是什么？对于手淫，我自己有什么样的经历，对此又持有什么看法？”

对于明确沟通十分必要的解释，我在此处已做出了重要补充——重点在于内在心语上（见图3）。母亲在这里学会了感知背后的自己，并且很可能在自我体验时对此有了些许的知觉。当然，在这里提供一些信息是有意义的（例如：科学上没有证据表明手淫对身体有严重危害或被认为是无耻的行为；负罪感对精神是没有好处的；夜间遗精是男孩正常的生理现象；等等）。然而，这种形式的心理成人教育，其核心在于内在真实性的心理准备，用格言来说就是：“如果你想成为一个好的对话伙伴，那就先聆听你自己！”

这句话的基本宗旨是要有效地施加影响，“改变他人”是次要的，甚至是不受欢迎的，教育和领导他人应该先从自己开始！“当他人不是我想要的样子，我该对自己做什么呢？”露丝·科恩给了我们这样的解释，她认为：不明的个体动因常常建立在对他人“有病乱投医的意图”上。

但这只是一个方面。以这个母亲为例，如今，她在第二步还是面对着这样的问题：她该如何传达在第一步中想说明的愿望，以及如何与儿子展开对话，也就是如何才能成功地沟通——此刻沟通本质上处于由真实导向和结果导向组成的对立紧张状态。

我们再来看应用心理学的第二个基本方向，它源自修辞学和雄辩术。这里不再（过多）研究内在心语和外在表达的一致性，而是旨在找到以结果为导向（信息接收者的回应）的最优表达。这个方向上的沟通看重的是谈吐和策略、沟通艺术和娴熟的表达。这里最重要的问题是：“我该如何告知我的孩子（职员、上司、顾客、选民）？”

毫无疑问，“诱饵应该适合鱼的口味，而不是垂钓者”！这个启发性的论述表明，这一流派的代表与罗杰斯、科恩的心理学立场截然不同。人文心理学在这里被硬说成是对“全然坦白”的假定和对自身需求的了解，称需求方面的最高原则为：“只是尽可能真实、自发地释放情绪，以此剥夺社会的文明性。”作为有益的其他选择，戴尔·卡耐基的着眼点（见其名作《人性的弱点》）是受到推崇的，例如“将他人的弱点纳入自身行为策略的考量范围，以此来赢得同情并对他人产生影响”，或者“如果您想变得受欢迎，要记住的准则就是——微笑”，正因为如此，“在争吵中获胜的唯一可能就是避免争吵”。

如今，对于特定的社交语境来说，将两人之间的关系定义为“垂钓者和鱼”之间的关系，是具有现实意义的，在这种思维模式里，把沟通的作用比作“鱼饵”就变得合乎逻辑了。这种论调在关系层面有着同样的诱惑力，例如，好鱼饵是什么样的？成人教育的参与者被承诺：“你会成为一个垂钓者，并用你的鱼饵抓住其他人，我们会教会你这些内容……”哪条鱼不想咬住这样的诱饵呢？

凭借操纵手段追求胜利和万千宠爱，这种心态其实是令人感伤的人际关系异化的结果。要揭露这个结论并不难，它的空洞乏味不仅体现在僵化的怪异笑容上，也会在其突出方面显露出糟糕的效果！以上现象会在那些短期且关系淡漠的服务型接触中得到印证，例如空姐和乘客的接触。然而，精神价值是应该计入总体估值的，服务人员必须在那种持续的“感情工作”中付出这类代价。至少，这种赢得好感的谄媚诱饵是致力于发展友谊和合作的。这时的诱饵被认为是一些工于算计的手段，人们会用不安和猜疑作为对它的回应。

然而，这不是在说沟通心理学的有效性问题已经没有什么探讨价值了。要是沟通只把“尽可能纯粹地表达自我”作为最大目标的话，那就会偏离了它的事实意义，而我想要达到的目的是——让我眼前的人和读者们有所收获，并因此在生活的构建方面起一定作用。

沟通心理学的另一个基本问题是：要让自己的话被人重视，被人理解并被认为有说服力，我该做些什么？在具体实施的过程中，这一问题是和第一个问题（我是谁？我代表了什么？我的愿望是什么？）紧密相连的。

如果一个培训经理问自己："我该如何说服管理层，并让他们相信我们的培训工作是非常必要的呢？"对于这样的问题，沟通心理学会从第一个基本问题展开。你自己坚信的是什么——这是基于对一个人只有自己先发光发热，才能将他人点燃的信念。

很多时候，颇有激励作用的口号丝毫不能补救自信的缺失，只有当自己的"光和热"（存有自泼凉水的怀疑吗？这些自我怀疑是哪些？心里的"小恶魔"对我说了什么？我可能借助他人的信念使这个小恶魔沉默吗？）是非常明确的，并组织好语言的表达，才能继续提出第二个基本问题：我如何才能与管理层取得联系，并让他们赞成我的观点？

这些问题使得一些必须考虑的因素变得重要起来，那么，有哪些因素是必须考虑在内（例如：成本、效益、分析）的？以及如何预估对方对我提出的问题持有哪些保留条件（这里的保留条件有着很好的周密性，它将切合实际的问题都囊括进了考察范围之内）？假如我拥有解决这些问题的能力，在不对这些保留条件进行隐瞒的条件下，我该如何才能避免自己滑到“教师”的语调上？

图4展示了沟通心理学的两个基本问题：

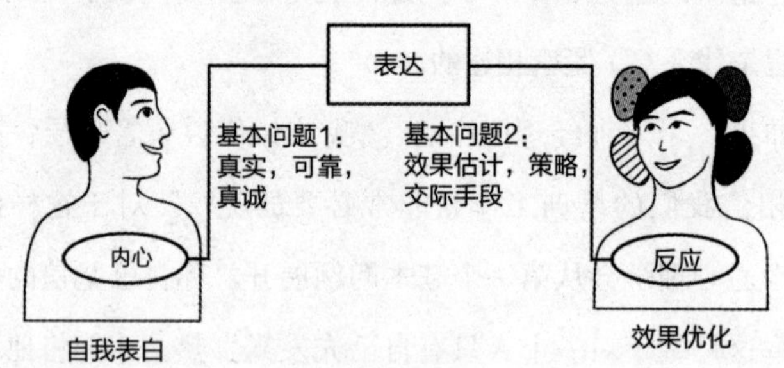

图4　沟通心理学的两个基本问题

对于个人的发展来说，优先选择某个方向侧重发展是比较重要的。例如：一个只知道诚实和直率的人，应该在保有单纯和坦诚的前提下在特定环境中“使自己表现出‘更有城府’的样子”。与之相反，有些人将关注点主要放在对自身行为的掌控和有效性上，他们需要的则是“基本的真实性”。而使不同人的发展方向彼此相交——正是这本书的基本出发点。

遗憾的是，我偶尔会产生这样的感觉——心理学方面的教育正用于（或被用于）完善那些已经被过度凸显的人格特质。在这以后，我们的“唯结果论”者不会再去买《操纵，但合理》这本书了，也不会再去参加那些“承诺达到最优效果”的修辞课程了，更不会为了获得他人的情感去寻找“保持开放与真诚”的治疗小组了。

也许，在个别情况中，针对一个或另一个基本问题进行解决，并对问题给予特别关注的沟通心理学工作看起来是恰如其分的。但在原则上，若不想错失沟通的本质，就不应把沟通心理学简化成一个或者另一个方面。

第二节　循环模型

现在我们再来看一看从沟通到互动，这个往返于表述和回复，行动和反应之间的过程。与关注个人内心状况的理论和模式不同（古典精神分析、个体心理学、人文心理学），下面的模式着眼于人际情况和关系动因。这是所谓系统心理学的思路，因为系统心理学不仅会从人的内在精神动因进行解读，还会从社会体系现状对人的行为和经历方面的影响出发进行解读，而后者在分析中起着重大作用。在这一系统中，反复出现的是“患者家庭”，当然也包括工作小组和公司单位。

人文心理学涉及个人的性格和他们接下来的发展可能性，

而系统心理学讲的是系统“因子”相互反应和影响的规律。“系统治疗”认为，不应（首先）在个人方面找寻沟通困难的原因，而应从整个常规系统的运行中寻找端倪。没有谁是“有罪的”，一切都只是在起作用的惯例下上演，没有人是“有病的”“反常的”“不成熟的”“恶毒的”，这不过是一种症状在个体上的表现，这种症状以一种隐秘的方式对维持整个体系起着必不可少的作用。从这个角度来看，错误不应该归结于个人，而应在相互作用和相互反应的控制循环中找寻。

沟通心理学在实践中不只局限于单一个体（想要增强对话能力、发展人格的个人，即使在讨论小组中也可以看到，那些讨论和训练课程都存有个人主义的萌芽），还越来越多地波及家庭、工作小组、同事、团队、工作单位。同他人打交道的同时，也会给他人制造麻烦——这个简单的事实可以说成是“有望达成的事”。你可以把打交道和制造麻烦的方式设立为研究主题，经一位中立的专业主持人或解释助手的引导，用一两天或是更多的时间对这一主题进行探讨。

2.1 以婚姻与伴侣关系为例

一个简单的例子。当她以非常简短的话语谈及白天的活动和经历时，他就会充满紧张和不安，一再追问并对此刨根问底（后来也在背后对她进行了调查）。紧接着，在她感到自己受到试探、审讯和跟踪之后，她便坚定地通过更多的缄默以及不久之后的“保密行为”使自己免受跟踪。在以上情况下，二人按照惯例对这一事件进行因果阐述，在阐述中每个人都觉得自己是被“罪犯”恶劣对待的受害者。

“因为你是一个‘秘密制造者’，我自然变得心神不宁，并且我也迫切地希望知道幕后在上演着什么！”于是，事实被这种依照情绪看待问题的方式所歪曲——“因为你不停地审问我甚至窥探我，我自然觉得自己受到了监控和限制，于是我开始自卫，并坚持认为这些事与你毫不相干！”

这样的恶性循环会导致争吵升级：夫妻讨论之后，他为了能够掌握她的谈话内容，悄悄地在电话里安装了“监听器”。

图5向读者展示了他们的恶性循环。通常，这种方法是能派上用场的，这是二人惊异地凑近然后面面相觑的一瞬间。

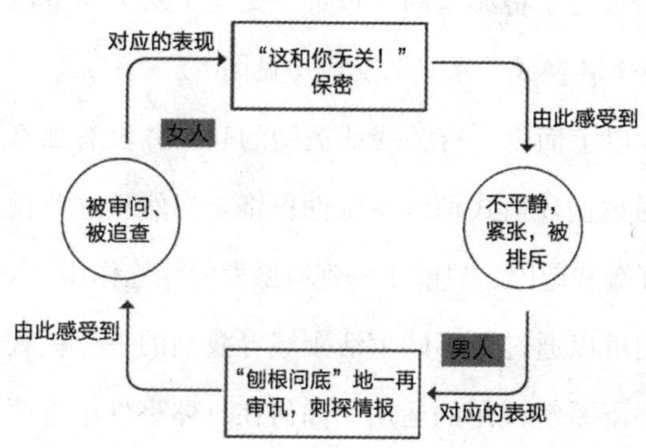

图5 “故弄玄虚”的女人与“间谍”男人之间的恶性循环

这个例子清楚地展示了一个简单循环的一般结构（见图6），长条框里特别清晰地记录了两个人的行为方式（表达），在圆圈中的是他们的内心反应（内在心语）。

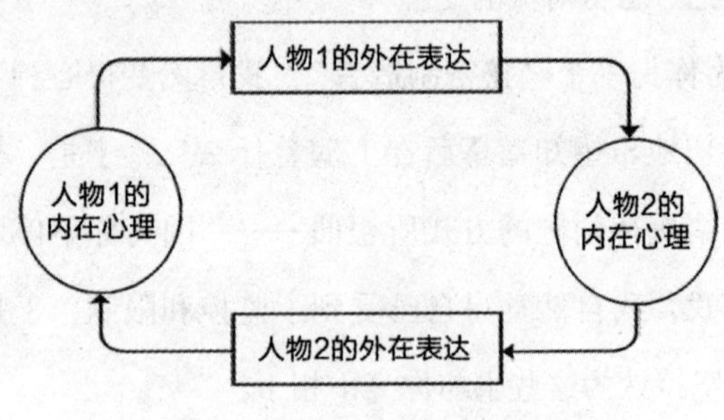

图6　人际关系循环的一般结构

模型中加入了每一方的内心反应，这使沟通心理学和系统心理学之间的融会贯通变得更加简单明了。当然，为实现自我解释和自我表达，就需要考察圆圈里的内容。与此相对应，解释助手会致力于将典型的“垂直”交流（从上向下以及从下向上的指责）转换成“水平”交流（见图7）。

而就以上而言，有关谈话援助的联系并没有那么重要，重要的是通过循环模式训练系统性思维。当然从这些模式里看不到任何开端和起因，只能了解到所激发的相互作用。

我们可以通过在不同生活领域寻找到的一般模式，再来稍微训练一下系统视角的运用。如何在具体事件中查明人际关系间的这种恶性循环（诊断）？“系统治疗”看起来可能是什么样

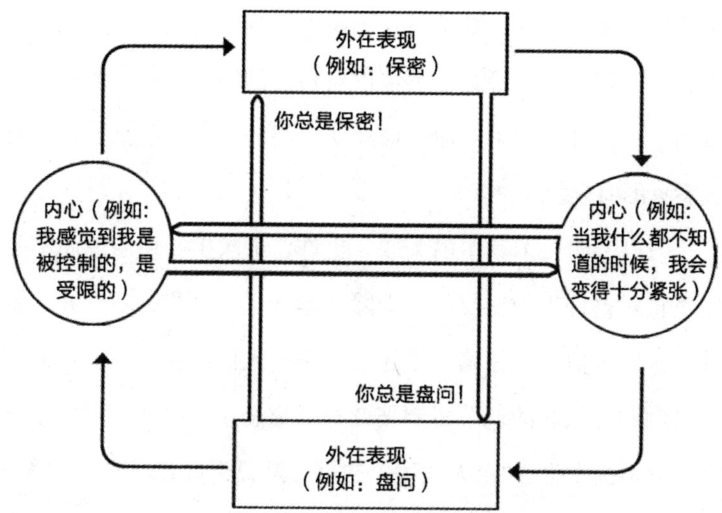

图7　垂直交流到水平交流的转化（以解释助手的干预为例）

的？这些可在托曼和我的论文中找到详细解答。

2.2　以孩子教育为例

四岁的姐姐和两岁的弟弟总是一再发生碰撞。突然，弟弟把他们玩的积木塔推倒了，然后姐姐把弟弟粗鲁地推下了椅子。简言之，姐姐欺负了弟弟。当母亲看见的时候，她自然对女儿的恶意感到气愤，并对哭泣的儿子充满同情。当然，母亲的反应完全是合乎情理的。

按此逻辑，母亲骂了姐姐并将弟弟抱到怀中安慰。姐姐会有什么反应呢？她也许会有妈妈更爱弟弟的感觉——这件事再次印证了她的感觉，她觉得自己受到了冷落。嫉妒心会使她变得更加咄咄逼人，可是她不可以对自己的妈妈发作。但在这件事情上，错都在弟弟，他理应经受姐姐的怒气——至少在没有人看见的时候。

当母亲明白了其中的关联，也许，下次她会用心理而不是用逻辑对这件事做出反应，即除了抱儿子，也抱一下女儿。实际上，这个情况已经陷入了迷宫之中。人们内在心理动机的调节机制和对认知的调节机制彼此过分重叠，这样的话可能会导致对立情况发生。“令人气愤”的行为是源于重要诉求未获得回应，所以很可能是因为信息未被对方接收到，同时还遭受了严厉的批评。

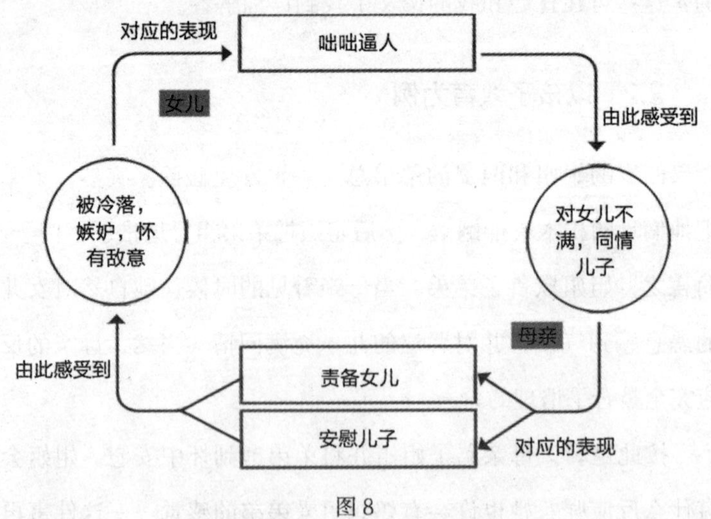

图 8

2.3 以职业生活为例

两个同事在同一工作小组里工作。一人（A）将待处理的修订工作搁置在一边。另一人（B）对此十分了解，并且知道辛苦的案牍工作看起来远没有客户代理的职责重要。B逐渐心烦起来："如果没有按时完成案牍工作的话，那就不光是A一个人的事情了，整个部门都要承受损失，并且自己负有主要责任，因为自己被外界看作是直接负责人，这样一来，自己就会成为替罪羊！"于是他变得很不安，还对A感到气愤。由于B先生是一个维系和谐的人，他不想使自己和A的同事关系（他们大体上还是合得来的）受损，于是他做了他在类似情况中经常做的事——独自完成了工作。

另外，A在得知了这件事之后，觉得他一直以来的一些想法和感受得到了印证："B的确喜欢多管闲事，表现得像部门领导似的。更过分的是，他甚至把手伸到了我的工作范围之内！"他感觉自己受到了忽视，于是对同事B暗自生起气来。但是，他也是一个维系和谐的人，并不想损害这段还不错的同事关系，并且在他看来，这种小事没什么了不起的，他自己本来也不愿意干。

在这之后，A觉得自己是多余的，还带有反抗式的心灰意冷："那你就自己干这些麻烦事儿去吧！"结果就是，他再也不去处理这些事，将它们彻底地搁置一旁（见图9）。

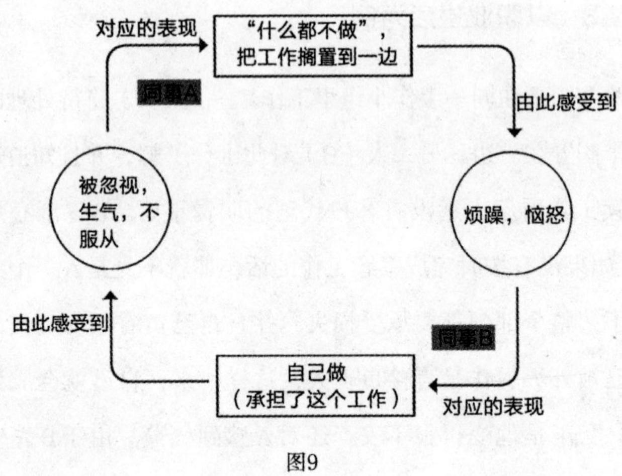

图9

当所涉及的是两个维系和谐的人时，只有将压在自己心底的怨言坦诚地说出来，才会对情况的好转有所帮助。这就意味着，首先将指责形式的“垂直”沟通放在优先地位。在这之后，那些解释才会在彼此的心理之路上畅通无阻，即针对共同完成的恶性循环产生内在反应和自我评价的解释。

类似的恶性循环经常出现在集体宿舍、青年小组、社团工作和其他组织形式中。某人独自参与到公共事务中来，精通掌握之后就总揽一切并严加控制，同事们对这种可信赖的才能感到高兴，并认可了他的领导地位。然而，渐渐地，那种认可对他来说有些过多了，他抱怨同事们消极的态度。而对方所承诺的改善就是处理积压已久的工作，但有些敷衍和漫不经心的人发现自己缺少能力——他们做不到像领导那么好，以至于这个领导还必须要对所有的东西进行二次修改——要是他自己去做，可能会更快。

不知从什么时候起，他开始变得怒不可遏："我不是你们的保姆！"他喊道（但他早就是保姆了）。其他人呢？随着时间的推移，他们抱怨这位同事（领导）的"权力要求"。于是，就产生了这样的矛盾：虽然"下属"感到自己受压制，但他们仍享受着服务；虽然"领导"有话语权，但他早已变成了众人的奴隶。这样的关系动态包含很多"炸药"，在这种情况下，参与者们很快就会发生争吵——如果他们没有看到恶性循环的后果，同时也没有一个人发觉领导在其中做了什么，遭受着怎样的痛苦，以及他为何就这样卖力地参与到了这一系统的维持之中。

2.4 开放式循环与隐式循环

"如果一个恶性循环在他们之间周而复始，那么，参与者们会从中得到些什么呢？"这个问题时常会将问题导向良好的轨道。虽然，在最初的时候，双方似乎都在无望而令人不幸的纠缠中给彼此的生活制造麻烦——事实也确实如此，但它并不是全部的真相。在事件的表层下可能运行着另一种心理循环机制，使得较少被意识到的需求得到满足。因此，参与者无法迅速到达这个急于维护系统的无意识王国，这样他就很难阻止恶性循环的继续发生。

如果两个（或更多）同伴的无意识力量与一个共同动因相作用，这会使他们在表层之下走入同一条支路。针对这种情况，精神分析的文献中提出了共谋以及人际防御的概念。

这是家庭治疗中教育咨询的一个例子：父母离异后，十一岁的汉斯和祖父母生活在一起。汉斯总是干坏事儿，一会儿在一家超市打破了窗户，一会儿在某个地方偷了东西，一会儿又被牵扯进了打架事件。而每次父亲得知这些消息时，总是极其严厉地指责汉斯："你将成为罪犯，如果这种情况持续下去，你会进收容所的！"没有人认可的汉斯感觉自己就像是一个"人渣"—— 一个有犯罪倾向的问题儿童。如此一来，他就更加叛逆地采取报复行动。

如果仔细分析，我们很快就能查明事情的真相，恶性循环如图10。

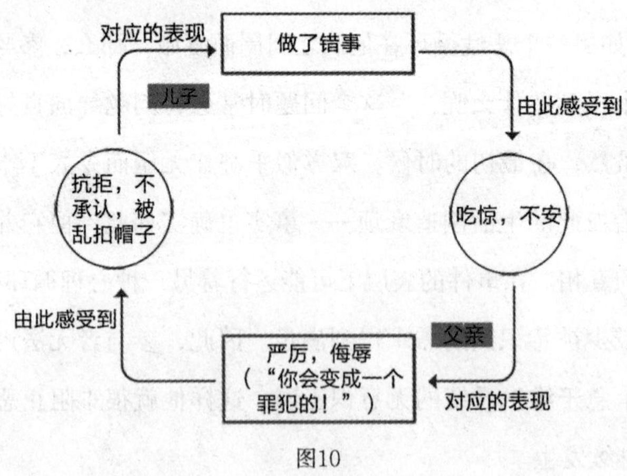

图10

如果不是在与所有参与者的谈话中都能听到这样的声音的话，大家是可以对这个诊断感到满意的。但是父亲的这种怒斥和责问难道就没有一丝值得肯定的地方吗？还有，由于原生家庭的分解，作为父亲的他通常“缺席”孩子的教育。而在此期间，儿子的调皮捣蛋一再给父亲（不是母亲或祖母）提供了教育孩子的机会，这难道不是他的“重要时刻”吗？那么，正是想被儿子承认、需要的情绪造成了他的这些错误行为吗？

而那个失去母亲的儿子呢？每当他做错事的时候，他的父亲就会赶来“有所作为”——难道父亲不是在所有毫不留情的批判之中竭力为他说情了吗？于是，一种不那么亲密但仍然难忘的父爱就以这种异化的方式被儿子重新获得。并且，父子间的“共谋”使情感维系成为可能。同时，还帮助二人获得了情感上的一致——那种用正常方式就能维持的情感受到了这种异化方式的“阻拦”（见图11）。生活中同时出现的完全不同的动因使这个情况保持在“过于受限”的状态，所以我们必须在这种外部恶性循环中再绘制出一个隐藏的内部循环。

在初期，把这些例子用作熟悉模型、训练系统中相互作用的思维的话，应该是足够的。之后，我们将在第三章见到典型的标准——恶性循环——与某些性格部分和沟通方式有关。彼时我将会介绍存在于对称和互补循环中的其他不同。

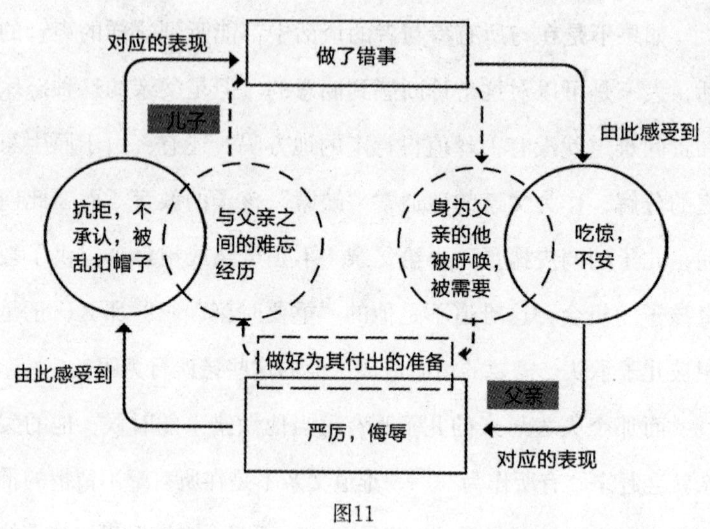

图11

第三节　价值模型

现在，我们来看第三个（也是最后一个）思维工具，它能帮助我在沟通心理学实践过程中更清晰地判断，也更有把握地确定进行干预的目标方向。亚里士多德也用过类似的方式将他的哲学结构告之世人，其中就包含了辩证思维。

这里展示的价值发展模式来自海尔维格。我认为，可以将这种模式运用到人际沟通和性格修养中，也可以将其理解为发展维度。与这种思维和价值模式的突然“邂逅”，帮助我更好地看清了身为沟通培训师的我们在从前冒失走入的一条歧路。

3.1 一般结构

为了满足辩证结构的存在要求，每一种价值（每一种美德、主导原则和人格特质）只有和一种积极等价物处于持续的对立状态，才能产生建设性的效果。在这里，对立状态也可以被说成是一种平衡。没有这种持续的对立（平衡），价值就会堕入“退化形式”（我们更多称其为过度贬值）。

让我们举一个公民美德领域的简单例子：如果没有积极的对应物“慷慨”的话，“节俭”就会退化为“吝啬”；与之相反，没有“节俭”的“慷慨”，就会退化成“浪费”。

按照海尔维格的说法，将这种规则出现的四个概念规定成一个“价值模型”，其中的两个积极等价物在上面，每个下面对应的是相应的无价值（见图12）。

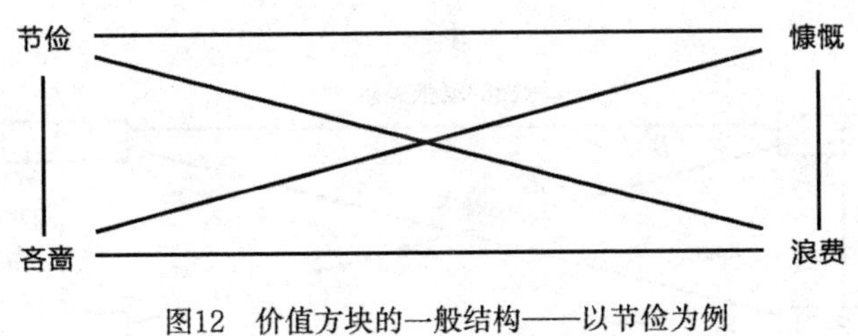

图12　价值方块的一般结构——以节俭为例

所有这些有价值的概念都可以被整理成价值或贬值的“四位一体”模式，也就是说，每个概念都包含有价值的四位一体。这个价值模型，即这四个概念彼此互相链接。因此，每个概念都会在矛盾中明确地得到双重解释。

现在，将这个模型中的四种类型引申到关系之上，它们就可以很好地表现概念之间的关系特性：

第一，积极价值之间最上面的那条线表示积极的对立或互补关系，我们也可以称之为辩证对立。

第二，对角线表示价值与无价值之间的相反对比。

第三，垂直线表示过度贬值。

下面的两个无价值物间的连线则代表着一条路径——这条路径是当我们想要摆脱一个无价值的、但没有能力攀升到上面有价值的对立关系之中时，便会采取这种路径方式。也就是说，这个时候我们从一个无价值逃进了与之相对立的另一个无价值中。因此，底部概念之间的联结是一种过度补偿[①]的错误表现，这种补偿是从相反的无价值出发，针对所要避免的无价值而进行的。

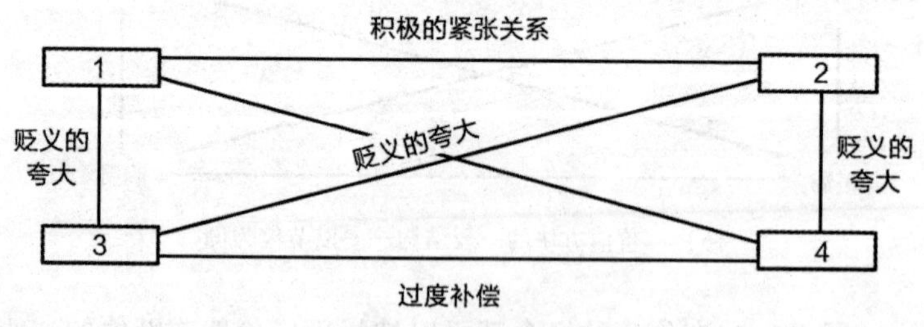

图13　价值模型方块之间的关系网

① 过度补偿：对个人缺陷矫枉过正，使缺点变得过分突出。

关于价值模型的结构，亚里士多德在《尼各马可伦理学》中有过类似的阐释——根据该观念，每一种美德都被定义为两个错误极端的中心点。例如，贪婪和浪费之间的节俭，或者怯懦和鲁莽之间的勇敢。这里所追求的美德与价值有所不同，前者被认为是一个仍可自行“移动”的固定点。因此，节俭与浪费相比更接近贪婪，而希腊的美德与德国的慷慨或大度较为对应。

图14 阴阳关系

价值模型舍弃了最优固定点的概念，替代它的是一种动态平衡的概念，我觉得这对分析心理现象来说是有重要意义的。

同样适用以上两种价值的还有阴阳关系的概念：阴与阳相互渗透，而且自身之内都含有对方的微量元素。

3.2 怎样构建一个价值模型

我想让你们能够按照自己的需求构建这种价值模型。下面是几个启发性的训练：

假设我有一个积极价值（性格特征，原则），比如信任，那么属于这个价值的四位一体结构该是什么样子呢？我在左上的位置（1）写下“信任”。从这里出发，我的思维发现之旅有不同的路线可以选择，例如，可以向位置（2）考虑下积极的等价物——即信任的“姐妹美德”，它可能会是什么，或者去关注位置（3）中的贬值过度，又或是对角线末端（4）的相反对立可能更简单些（见图15）。

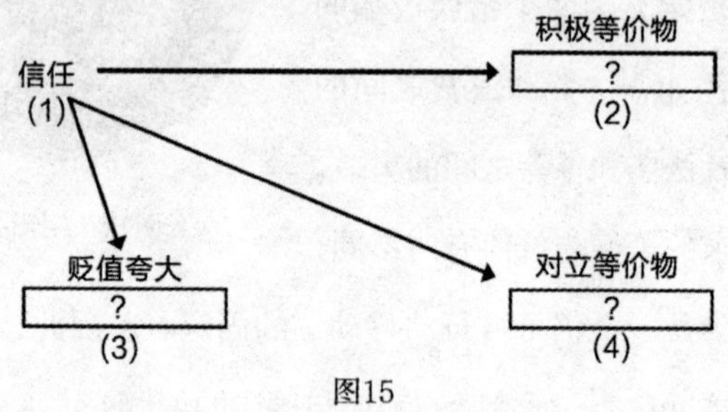

图15

我试了一下位置（4）与信任相反的可能是什么，也许是不信任？但是，在生活的许多情形下，某种程度的不信任是完全恰当的，用这个词来表示位置（4）的“过度贬值”适合吗？这很难说，因为对此我们还没有定义。

而首先从（1）直接移动到下面的（3）位置可能更容易一些——过度的信任，那可能是一种天真的轻信——近乎愚蠢的那种信任。然后，我们暂时先给位置（3）补全缺少的连线（见图16）。

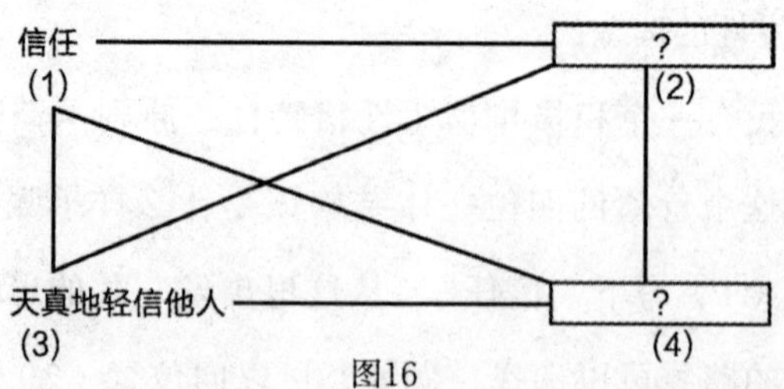

图16

由于通常更容易辨别出对比鲜明的对立物，我们现在可以从刚获得的位置（3）得出上面的对角，并自问：“既然是那个天真的轻信的反面，那么，同时还能作为信任的积极等价物是什么呢？”

那些不容易轻信他人的人显然会有一定程度的小心谨慎，这表现出某种避免陷入偏执模式的不信任。现在，我们可以在右下角给这种缺乏信任并且过度谨慎起一个名字，如偏执的不信任。要是想将四个位置全部构建正确并协调一致的话，位置（4）一定要与信任（1）呈相反对比（这无疑是正确的），此外还必须与位置（3）存在过度补偿关系（这也与事实相符）。于是，便有了如下完整的模型：

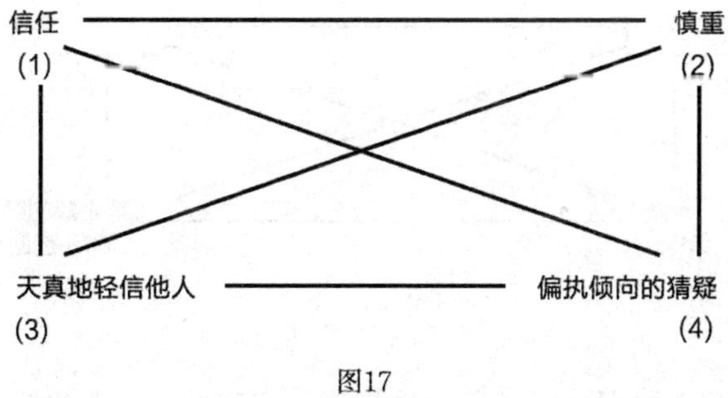

图17

在前面的例子中，我们是从认识之旅的起点——积极价值（信任）开始启程的，但因为人们或多或少都会存在一些性格弱点和恶习，所以有时候我们将会从下面的位置开始。我们假设一位教师因一名叛逆的学生而感到烦闷。现在，我们在位置（3）写入“叛逆”一词，并从这里开始进一步思考（见图18）。

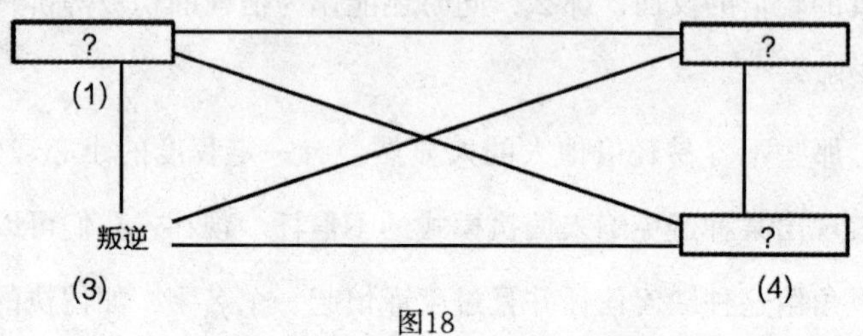

图18

也许对我们假想的老师来说，最容易认清的是极端的、非我们所愿的对立面位置（4）。然而，这位老师是否也像课堂里那些听话的、过度适应的模范学生那样，对所有的事情都表示赞同呢（见图19）？

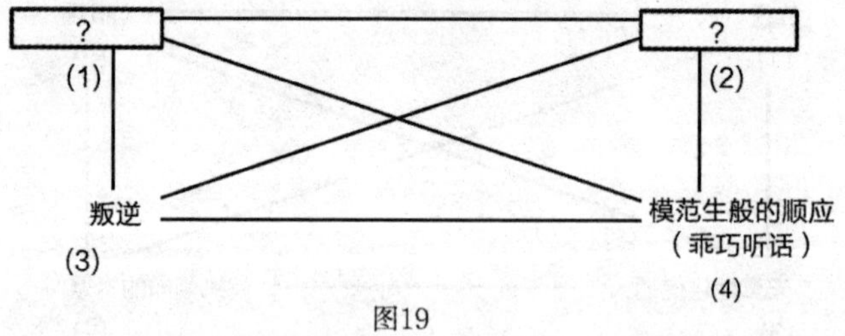

图19

现在，我们可以向着积极价值的方向发展，对角线上或是垂直都可以。“叛逆”似乎是因某一面的“过于优秀”而形成的，它也正是与模范学生的标准模式相矛盾的对立面。显然，这里所说的是一种积极的固执，其表达的是独立和自由意志，同样还有自我意识。作为平衡性的补充，它需要一定程度的顺从，以免陷入执拗的固执和强迫性的反抗心理（见图20）。

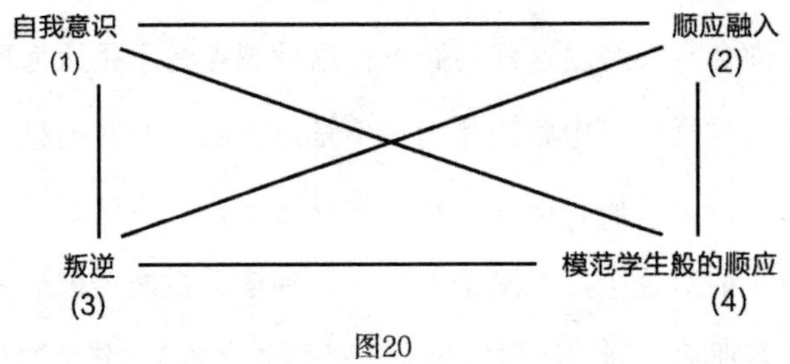

图20

至此，构图完成。在自己构建价值模型时，你会发现，这里不存在确切描述的正确词语，有些时候它更像是眼前的景象。与浮士德玩世不恭的顺口溜“正是在缺少概念的位置，一个词及时出现在了那里”不同，这里的概念已经在“心窗”前出现，不过，它还缺少恰当的词语。这说明我们的所思所想还需要通过创造新单词来表示——对这类问题，你不必有所顾虑！

在本章的最后，你会发现一些可以尝试的练习。

运用这类价值模型会获得什么？一方面，它可以清晰地显现出，在被抱怨的错误中不只显示了一些正需要被根除的坏东西（罪恶之处，病态之处），相反，在这其中还可以找到一个积极的本质——价值本身是值得重视的，不过本质过量（好的太多）的问题还有待解决。因此，发展方向可以预先规定为：不是从（3）到（4），而是从（3）到（2）这种保留（1）的方式。

另一方面，这类价值模型与这样的信念相关，即每个具有显著特质的人总拥有着一个“未被发掘”的对立特征，它可以在其内心被唤醒，并能够给个体带来影响。

也许会有人提出这样的异议：这种观点是不是认为理想特质应该是均衡的、中庸的才对？不是这样的，对其衡量的标准不应该是静态平衡，而应该是一种动态平衡。也就是说，根据情况及先前对这个情况赋予的意义，钟摆会在两个极端来回摆动（会有那么一刻，激烈的叛逆正是当务之急）。其关键是用内在可能性来支配这两种行为。从理想的人类自由和意识角度来看，走得更远会带来更多的可能性，但另一方面，人也往往会感受到更多的未知。

3.3 人际交流的基础价值模型

现在我们尝试将这个工具运用到沟通领域。在之后对八个沟通类型优缺点的探究中，我们还会系统地运用这个工具（第三章）。这里先说对于人际交往十分重要的两个价值模型。

（1）真实与效果意识

在前面通过对“两种沟通训练”的探讨，我们已经对这个价值模型有了一定的了解，对这两个学说现在正处于相关论证的争议也有了一定的了解。真实性如果不和效果意识相结合的话，将会退化为单纯的直率。这样的直率要么会使得体的谈吐消失（通过开诚布公的方式）并给自己留下一段痛苦的经历，要么（通过一不留神的自我披露）暴露出对慎重必要性的知觉缺乏，使自己受到不必要的伤害。

“我太直率和易于冲动了，有时会脱口而出一些常使我过后后悔的话！”我们课程的部分参与者这样说，并以此暗示他们希望通过提升沟通技巧来提高他们的社交艺术。另外，有这样一个“完美外交官”，他建议把每个词都当作美味的诱饵来吸引鱼儿。这种工于心计的修辞学已使他有了第二本性，即他的“真正核心”不只放在对手那边，同时隐藏在自己身上。

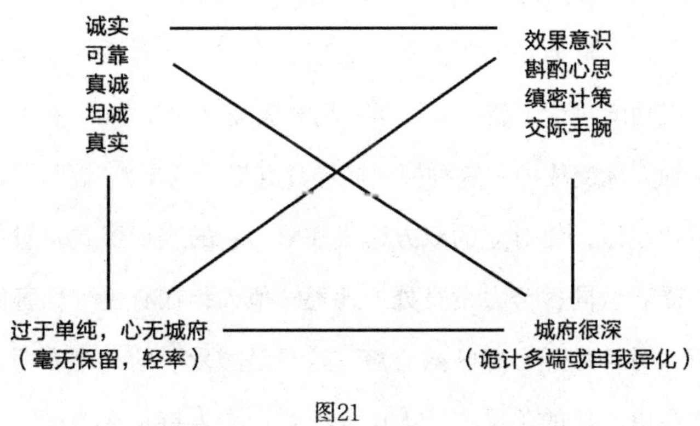

图21

我们已经不指望在有生之年可以掌握那种整合辩证对立的本领了。在生活的某些时刻，对立冲突的局面尤为明显。例如：当医生面临是否应该对垂危的病人说出真相的时候；当沮丧的暗恋者犹豫着是否应该表达自己的心意（在被追求者可能会更加疏远自己的风险下）时；为了引起另一个人的注意，是否有策略性地表现出他的冷淡比较合适？

因此，很多课程参与者的诉求都存在如下结构模式：我怎么能做到……而不……

在这里，第一部分是真实信息，第二部分是害怕引发的效果："我怎么能告诉他我的感受而不伤害他的感情？""我怎么能对老板提出意见，而不让他迁怒于我？""我该如何对一个同事进行批评指正，而不打消他的积极性？"等等。

（2）爱之战：接受和对抗

现在，我们再来看用于沟通的第二种非常重要的价值模型。

卡尔·贾斯珀的观点是：真理只能在人际对话中求得，而一个成功的对话本质上应该是一场充满爱意的斗争。一般来说，套用到人际交往中，这种模式同样具有指导意义。"爱"可以消除一切矛盾，使对立的双方达成和解。它的表现形式是对他人的接受和认同；努力设身处地地理解他人；在有受到伤害的风险下，勇于敞开心扉吐露心声。这只是"爱"的几个方面。因此，在更疏远的关系中，无论大家对一个人持什么态度，也不应跟风贬低他人。

然而，这种追求理解与和解的原则只是完美关系的一半。除此之外，还不能彻底放弃对抗元素：能够应对可能与对手严肃对质的情况并对此做好准备，并将与他的矛盾冲突进行到底，如果有必要，可以争吵。然而，与争吵相结合的情况只存在于“爱之战”中。否则，那将面临伤害升级的危险，这种伤害会导致沟通双方的极度怨恨和相互折磨。很可能我们已经对这些来自婚姻、邻里、政治团体之中的危险习以为常了，但是更常见的是过多的温和礼貌带来了像墓地一样的情形（在德语中，“温和”一词为“Friedlichkeit”，“礼貌”一词为“Höflichkeit”，而“墓地”一词也作“Friedhof”——译者注）。

通过这个词，我想对“和谐至上”存在的一些“死穴”进行说明，这一情形非常适用于夫妻，也适用于团体——这里所有的人都十分友善地对待彼此，似乎不存在任何会危害到这种和谐的邪恶之词，每个矛盾一落地就会立即被温柔的安抚扼杀在腐坏的温床之中。

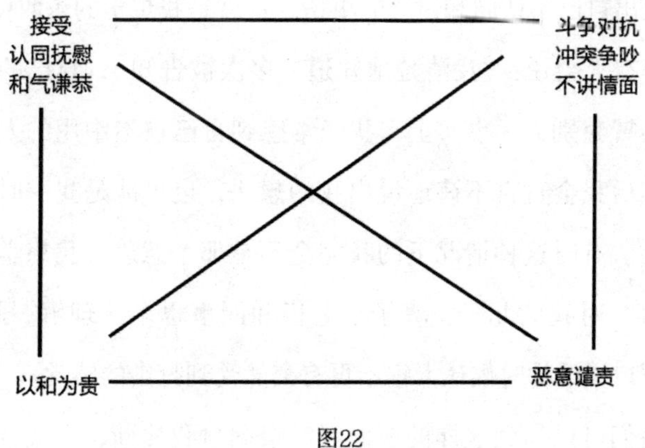

图22

我们在心理医生的基本准则中重新获得了最佳方案：

A + K = E

即在治疗师将接受（A）和对抗（K）相结合的情况下，治疗才有可能生效（E）。

3.4 从价值模型到发展模型

如今，这种以发展形式出现的价值模型使我们能够确定一个人（或是一个团体）的发展方向，这一方向使人们可以更好地应对工作实践和生活环境中的各种挑战。

作为心理方面的成人教育者，学员发展方向的相互交叉是我们必须面对的严峻挑战。也许有人会说："出于对和平的热爱，我倾向于保留自己的看法，体谅所有的人或事，并且一直避免矛盾的发生。我也想以后有那么一天，能用强硬的手段大声地说出自己不认同和讨厌的事情。这就是我想学的东西！"

也有人会说："我清楚地知道（多次被告知），自己的做事方式会冒犯别人。事实上，我经常感到自己被不中用的人包围着，然后我会直言不讳地说出我的想法，也可能是我一时脱口而出的。有时这种情况下的我完全不是那个意思！我想学着多些宽容，对我的儿子、妻子、老板和同事也多些理解。此外，在我开口说话的时候让大家不再有突然受到打击的感觉。"

他们可以学到这样的东西吗？根据自我诊断，发展方向之间会形成如下的交叉：

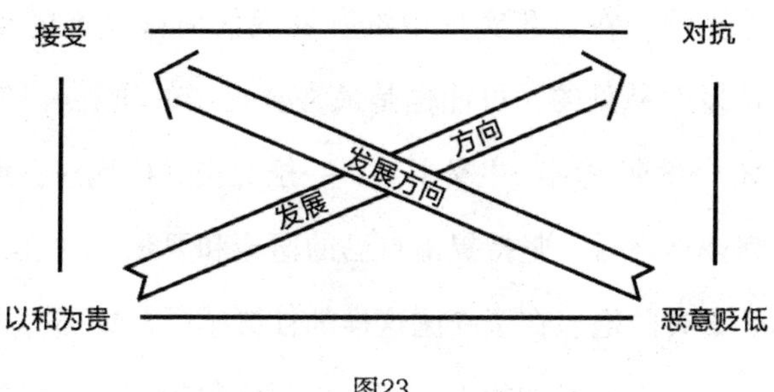

图23

人际交流会涉及许多这样的发展模型。在本书第三章中，我们将在基础的交流模式上，逐渐了解这些发展模型，并着重对交流模式的每条路径展开详细的阐释。

讲到这里，我还想提一个整体上的发展目标，它也是人道主义心理学尤为宣扬的——自我实现。这个目标现已成了公共讨论及公众争议的焦点。

要想达成这个意愿，即对这一发展目标进行整合，更明确地对有争议的概念本身做出限定，可能要借助于以下价值或发展模型（见图24）。

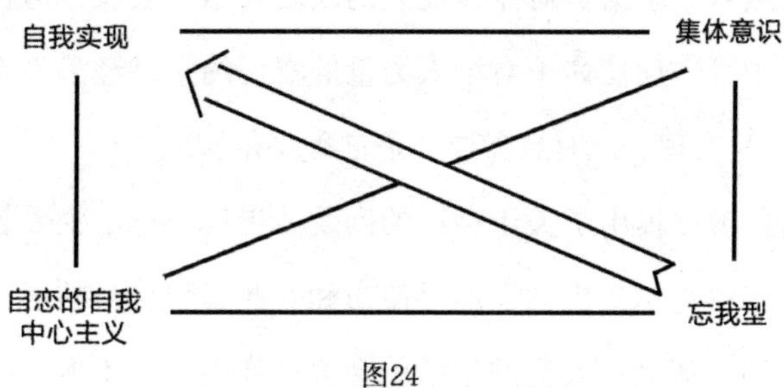

图24

调查显示，在自我实现中没有发现任何被掩饰的自私迹象，这是显而易见的，可能也是最常被提出的质疑。“你已经研究了10个学期的利己主义了！”一位丈夫这样抱怨。他的妻子在学完课程之后，坚持提出自己的愿望和要求，并且还要实现它们。丈夫的抱怨在于唤醒这样的社会感受，即那些也许没有强大能力为自己辩护的人是理应得到体谅的。这个提醒可能还带有团体之中必须凌驾于个体之上的上级利益。但是，很可能妻子正在从自我牺牲的街角尽力走出，而那些自我主张的迹象使她有了走入极端的嫌疑。也可能，为了使天平平衡起来，眼下的极端走向是必要的。

针对自我实现运动的谴责是：“如果每个人都只做自己喜欢和感兴趣的事情，而没有人再愿意克服个人的不满情绪，履行自己的责任义务，那么一切都将会毁于一旦！”这里的自我实现被等同为寻求乐趣和忘却责任，或者更确切地说，这样的等式被假定在了“运动”的拥护者身上。

虽然第一个指责对体谅他人的缺乏表示了哀叹，但在第二个指责中，一项使命中对个人力量的责任约束已经消失不见了（相比自我实现，此时更需要的是自我放弃）。

这些批评提出了关于存在的问题。当代心理学主要是由维克多·弗兰克尔提出的，如果使命和一些超越自身的事物缺少联结的话，那么，人类的生活就会逐渐变得萎靡不振（尤其是抑郁症的高发）：“只有投入到一件事情上或是对伴侣的爱之中，人才是人，才真的是他自己……所以，只有如同忘却自己，人才能真正实现自己……通过这种方式，人才能认识到自身的存在。”

另外，当一个人未将工作意义与自身存在的意义进行对比，就尽职尽责地投入到一项工作的奉献之中，这种情况也存在着迷失自我的危险。接着，自身存在的意义会不断使人们认清职业行为的徒劳无益，甚至是荒谬性。如果我日复一日、年复一年地全身心投入到某件事物中，而在我看来，鉴于世界的现状，这个事物（例如某一产品）是会导致严重后果的，这个时候的我会怎么想自己呢？为此，我一点儿都不想在军工工业或核电站工作。

仅仅在这里，这个重大问题就已经变得特别明显了，我尽职尽责地致力于技术方面的工作，而质疑的声音正怪异地随同我所实现的成就四下响起。这是一种新的自我异化的形式。很可能一个技术人员或设计师全身心地投入自身工作时，工作中的固有问题就在对他提出挑战，而同时他也感觉到，这个被大家全力抵制的自身存在的使命是无价值的。也许一些避世者会有同样的感受，即便他从外表上看起来是一个机智且努力付出的人。这种意义上的自我实现意味着，在尽职尽责完成任务的同时需认真完成如下审查：这种付出是否对我有益？在身体和情感方面，有关存在的价值取向该如何选择？

让我们尝试在价值发展模型中捕捉这一思路。

弗兰克尔在上述内容中还讲到了奉献的第二个方面：对合作伙伴的奉献。这会导致第三种指责，即第三种存在于自我实现概念简化中的贬值可能性。许多人，尤其是女性意识到：她们十年如一日地把自我牺牲在了婚姻和家庭的“祭坛”上。自我实现意味着让自己摆脱一种共生依赖，认真对待自身需求并把握发展机会，即使这会使伴侣关系陡然变得有些艰难并时常受到危及。除了“我们”之外还要有“我是一方面，你是另一方面”的观点，归根到底就是说，在必要时我会走“自己的路”。

如果此时在一个样板中对这种“必要情况”重新做出解释，那么就有可能存在这样的危险，即对他人的依恋和奉献只被当成是自我实现的障碍，而不是她们自己的一个重要方面。那么，这种假冒伪劣的自我实现实际上可能就是与他人无关的自恋。然而，为了摆脱对自我阻碍的依赖性，在某些个人的发展过程中，一个对立“钟摆”的存在还是有必要的。

就此，给出第三种辩证对立关系，其中涉及自我实现。

在我们的文化圈中总是很重视图25右上角的价值观：

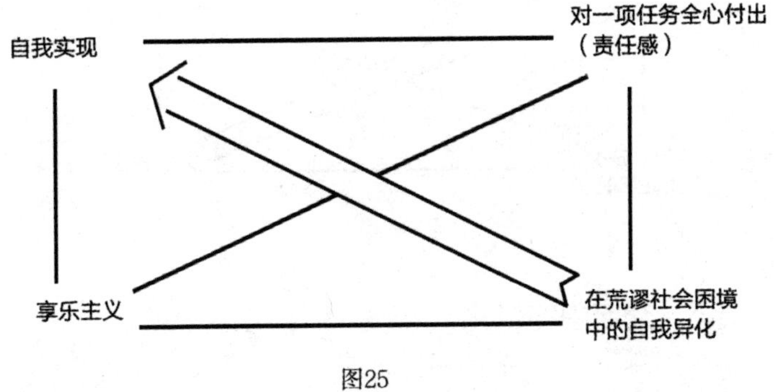

图25

第一，集体意识和为人民和家园牺牲自己的意愿："你什么都不是，你的民族就是一切！"

第二，自我克制和不怕犯罪的"我只是在尽我的职责"的责任感。

第三，传统的婚姻形式，让妇女无权实现自我发展，直至忘我奉献。

如果发展线从右下方到达左上方的话（见图26），在这种背景下，即使对立"钟摆"偶尔摆动得很远也是可以理解的，并且这对于人类的人性化来说也是可取的。如果自我实现概念中包含了这里所指出的三重辩证对立的话，那么它可能会通向人类存在的更高阶段。否则，它就会导致利己主义和享乐主义，从而导致陷入虚无的无意义、孤立以及沮丧。

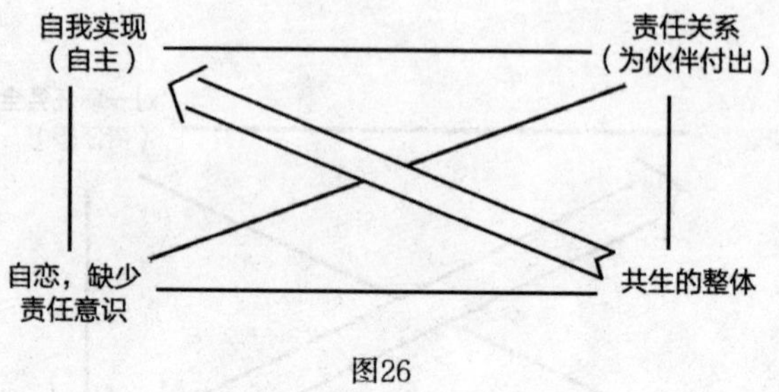

图26

3.5 交流中的极化

到目前为止，我已经详细介绍了两个（相关）价值模型的实际应用：确定个体发展方向——在一个既定领域中普遍或定向发展；在扩展而不是“根除”的基础之下，将缺陷和弱点解释为过于好的方面。

第三种应用与小组讨论有关。这样的情况会一再出现，即两个“姐妹美德”的拥护者在特定内容的讨论中形成两极分化[①]，并发生激烈碰撞。例如：在教师群体中，可能有些人强调规范的必要性，而另一些人则可能对自由的发展更为重视。也就是说，在所表达的观点和整体职业行为中，他们各自扮演了一种价值的强调者。

另一个例子：在一个老人院里，一些护理人员着力于帮老

① 两个人（或小组中的两部分人）都努力想让对方理解并认同自己的价值观，致使双方都各自站在了一个极点上。如此一来，两个相关的价值就被相互分离，并显示为“不是……就是……”

人减轻一些负担，并时时关心照料他们。因某种程度的力量减退，老人们就会有更多的护理需求。相反，一些人则更在意对于独立性的鼓励，认为人们不应使老年人灰心丧气，把他们当成孩子一样对待，反而应该支持鼓励他们，让他们拥有自己照顾自己并保持积极主动心态的能力。否则，他们就会形同锈蚀的废铁，对他人产生依赖，从而失去对自身能力的信任。

在这两种情况下，很容易出现两极分化的“交叉通信”。其中有些人觉得自己应当站在模型上方的一个价值上面，而其他人看到了，就会对其口诛笔伐。

这种将自己视为价值体现，也相对地把冲突对象当作错误体现的倾向，造成了沟通心理学在事实和关系层面上的混乱场面，而这种指责其实就是在攻击他人的“软肋”。这种争论对他们来说虽然必要且有潜在收益，却面临着伤害个体和分裂集体的危险（见图27、图28）。

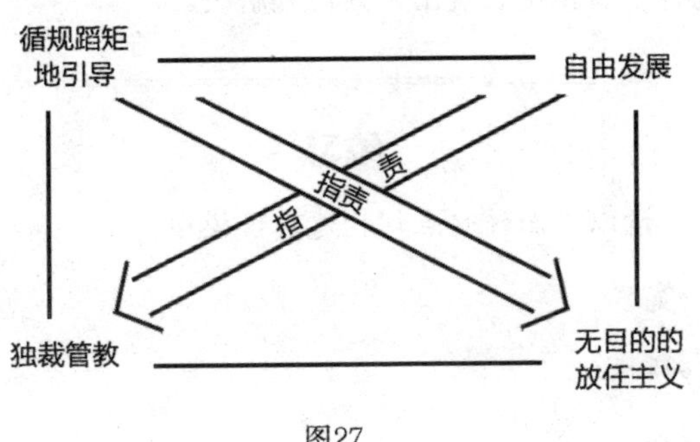

图27

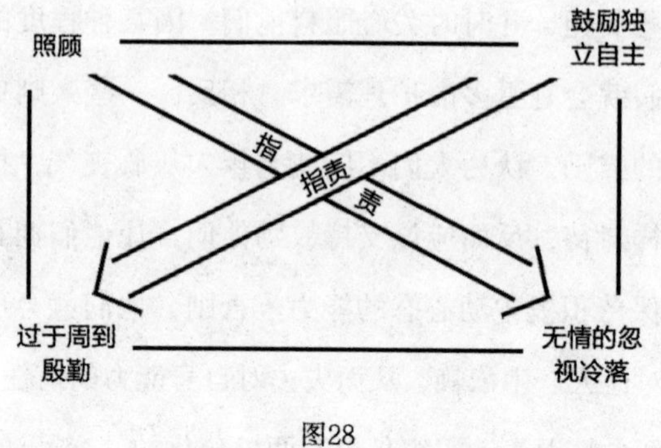

图28

在这种情况下，价值模型可能会使不同意见者考虑和解：双方各自倡导一个有价值的原则，也可以说是找到一部分的真相。只要两极之间的持续对立能像“贤者之石”一样就会和谐——团队中有两种价值的维护者和代表者！

通过这种干预，双方都感到被理解并恢复了体面，不再相互谩骂。然而，我认为重要的是，不应过早引入这种“协调”干预，因为这样会迅速和解，但却无法长期维持，也不能使群体中的现有矛盾真正表现出来并得到解决。

练习

1. 请以下面的起点词构建价值模型：

- 宽容
- 怯懦
- 自信

•自发性

•实用主义

首先，决定将给定的起点词写在上面还是下面。

其次，思考你在消极价值中发现了什么重要本质？

最后，思考完善个性的发展方向如何在模型的“对角线”中表现出来？

2.说出适用于你的一个：

•优点/美德

•弱点/恶习

并构建相匹配的价值模型。

练习1的参考方案

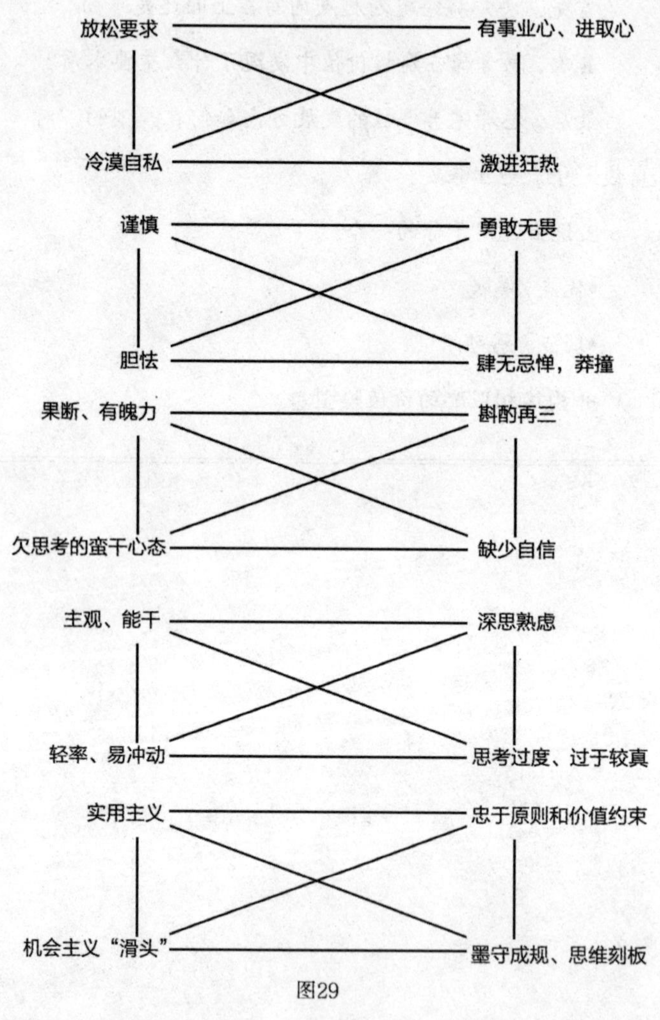

图29

第三章

重塑沟通的八种心智模式

以下八种交流和互动方式是与他人进行接触、交谈并建立关系的方式。每种方式都与某种内心状态相关（关系分析称之为自我状态），即需求、感受、情绪和意图的混合产物，它流经我们的身体并透过所有的毛孔向外渗出，到达我们的交流同伴那里，并通过语言和非语言的方式产生作用。

这些风格（及其相关的趋势）之间并不相互排斥。相反，一切都在每个人身上，几乎每个读者都会在这些风格中“发现”一点儿自己的影子。在这个意义上，读者对于这些接触模式（也包括自己在某些情境下的内在情绪）都会有所了解。有时候，这些只有经过仔细观察才能发现。我的听众和学生不止一次做出过这样的回应：“这些风格都是我从别人那里了解到的。我起初会觉得我和这些完全没有关系！直到后来，我才突然感觉不大对劲，并且发现我确实是这样——不过从前我没有意识到罢了！”

同一时刻，在教学中所介绍的不同趋势之间并不排斥。相反，一般两个或更多趋势会汇聚到一起，产生一种人和情境的典型混合体。这样的矛盾心理[①]并不是特殊情况，而是一种精神

① 相反特质的混合情感（部分是无意识的）。

上的惯例。因此，当某人向他的同事寻求建议和帮助时，可能会处于一种需求依恋的情绪中（哎呀！到底该怎么做啊？我完成不了它，你是我唯一的希望了）。但是，与此同时很可能也会充满轻蔑的暗流（你教我的这些有什么了不起的，还非得是你！你所有的明智建议都毫无用处）。这些组合不是逻辑上的，而是心理上的，这样的趋势混合在一起，使同事感知到这种氛围，至少会不由自主地困惑起来。

另外，其他趋势的完美匹配会得到一种鲜明的混合体。因而，贬低型和控制型乐意与众所周知的独裁行为结合到一起（就按我和你说的那么做就好了；天哪！再来，你必须用你的小脑袋记住它）。

我们已经说过：一切都藏在个人身上，每个人都具有各个趋势的气质并能够触发这些开关。然而，在某些人那里，这也会赋予人格一定的标志。每个人都有自己偏爱的模式，以及各自源于生活经历背景之下的某些规避模式。

在后面的内容里，我将会提及有关“自我牺牲”和“控制他人”的一些理想典型，以此将一种语言上的简单公式提供给这样一种人——他时常明显而强烈地卷入以上那种趋势中（与其他趋势相比），因此这就成了他的一个典型交流模式，并有着其特定的规避和限制。于是，克服这些缺陷对他而言是大有裨益的。

从时下沟通模式关注的（急性精神趋向）方面上来看，以下八种沟通模式同一些关系分析的自我状态是有可比性的。在常见的（性格）方面，它们与那些对人际关系尤为重要的人格理论有共通之处。

这种共通之处起初是没有那么紧密的，因为和维吉尼亚·萨提亚类似，我也是以沟通表现作为出发点，即从日常生活中可见可感的东西展开——沟通模式是与特定发育（基因型）相关的。因而，内行的读者总能在这里找到一些与人格理论的相似之处。除了阿德勒的人性论之外，这里还涉及了黎曼文稿中的精神分析理论，系统部分的灵感则来自威利的共谋概念，由此可以得出以下对特殊沟通心理学的先驱概念。

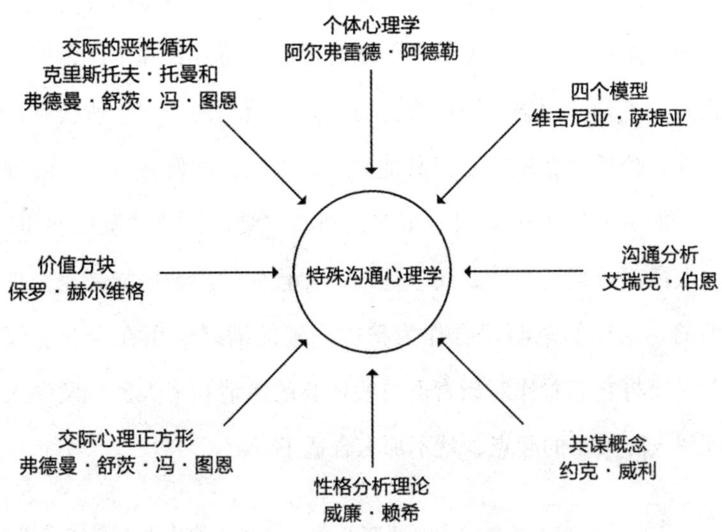

图30　特殊沟通心理学的开创者们

这里显露出的理论折中主义[①]可能被认为是无益的。事实上，以上八种风格或是个性部分的存在并不归因于自成一体的理论体系——像弗里兹·黎曼的四种“基本恐惧形式”那样——在才智和美感上都能完全令人满意的体系。就这方面而言，上面的八种概念可能会显得有些累赘、任意，也许还有种仓促的倾向。但是，我并不知道有哪个自成一体的理论体系可以完美地描述和解释实践中所有出现的重要的、典型的沟通现象。因此，选择和确定数字“八”作为决定性因素在于——它囊括了那些我作为培训者和沟通治疗师时一再遇见的情况，同时也适于个性继续发展的起点。

再说一下我对各个模式的命名。由于这些不是病理的附带表现，而是关于日常生活中个体的普遍行为方式和个性，所以我借用了日常用语的一些表达方式。也就是说，这里所提到的模式在分析类文献中是以其他名称录入的。即便在今天，心理学方面的外行人还是很难接受，那些“受虐”或“歇斯底里”的人格部分理所当然是属于他的，并且他的拒绝可能是完全正确的。这样的范畴适合作为精神病理的缩略词用在专业会议上，而将它们看作对新奇的自我体验的邀请和个人发展及深入理解人际关系的起点，就不那么合适了。

---

① 从不同的学说和理论系统中挑选并组合出可能（出于实际意图）需要的东西。

第一节　需求依恋型

有谁不喜欢那种受到照顾和保护的美好感觉——知道自己处于强者的守护之中，他为你指明正确的前进方向，并注意不让你身边有任何不好的事发生。长大意味着要承担越来越多的对自己以及他人的责任。此时的独立必须以原有安全感的丧失作为代价。当我们的生活变得艰难，甚至连生存基础也有所动摇时，那种安全感的失落会使我们变得更为痛苦。即便我们做到了独立生活，却仍会留有一部分那种旧日的需求，我们有时会想要依赖一个强大的并能将一切都料理好的人。

在成年人中，这种需求的强度因人而异，而他们对其承认的程度也有所不同。但如果这种需求暂时或经常占上风的话，我们就可由此推测，这种心理有对人们与他人互动方式产生影响的可能。在这里，沟通方式所需要代替的是婴儿那种天然的吸引力——通过这种吸引力，周围人的援助和保护欲会被自动激发。

1.1　表现形式、基本信息和心理背景

我们描述了一种沟通方式，这种方式旨在让自己看起来是无助且不堪重负的，同时带给他人一种必须介入、帮助、决策并负责的感觉。不然，似乎一切都会变得无可挽救。

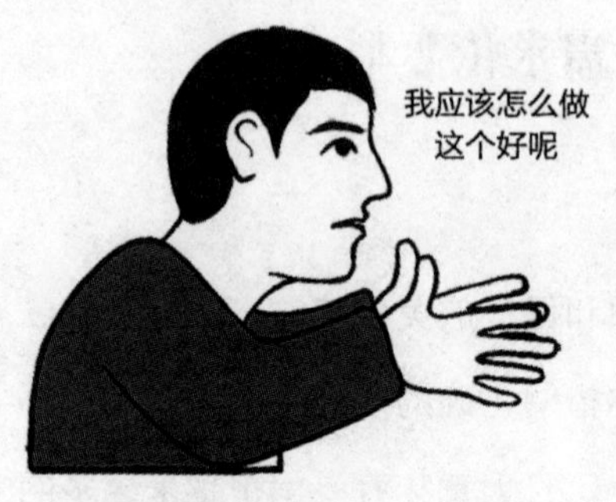

图31　依恋型的基本姿态[①]

这个信息常会以非语言的方式从需求依恋者那里表露出来。例如：他注视一个人的方式会使其心软。在其他情况中，请求会十分清楚并可能转变为紧急要求："你现在真的可以为我做到这一点！你看啊，我什么事儿都干不成！你起码可以请一天假，这样的话我周一还能指望上你。"

我们可以假设，那些形成这种沟通模式风格的人可能在童年时期经受了某些不好的经历，这些经历使他们已经不自觉地对未来生活下了定论。心灵公理是：

我软弱无助！我一个人是应付不了生活的！

我将这类根深蒂固于童年时期的原始信息称为"心灵公理"，因为人们在成年之后就不会再对它们进行检验。甚至，在语言中，在本书中出现的描述那种自我感觉时所用到的辅助形式中，也找不到踪迹。

---

① 有关所示形象的性别选择，参见第8页的脚注。

相反，它们会藏在个人的内心深处。同时，一切进一步的策略和应对模式都会以这些公理作为出发点并从中衍生出来。当事人会用这些应对模式打造出一个经验世界——一个最适宜对公理进行反复确认的世界。如此一来，基于当下现实的修正查验通常会就此落空。

通过这种自我满足的预言，每个人都创造出了独属于他的体验，而过度的体验也使他看起来饱受其苦。所以发现心理治疗会进行一种尝试，目的在于重新找到这些原始经验，认清那种无休止的循环模式并使其终止运行。

自身的无助感和永恒需求的公理可能会建立于带有什么烙印的原始经历之上呢？探究童年时期的经历与性格之间的关系不是本书的首要问题。尽管如此，一些迹象可能足以让人对这种联系有所了解。有时如果我们做出如下假设，就能更好地了解彼此。他人对待我的（或者拒绝对我表示出的）一些行为方式和情绪，像是依据从前自我实现的事对将来做出的预判，即一种试图在当下上演旧日剧本的行为。

依恋型的人会在某些方面强烈而持久地表现出一种缺乏自信的状态。最初，这可能是源于以下情况，即小孩子在成长中的某一阶段遭受了极度的限制和打击。事实上，小孩子在这个阶段其实是能够自己去探索周围世界并逐渐认识到与母亲之间存在一定的分离风险的。“让我来，你太小了，做不了这个的！”“待在这儿，要不然你会把自己弄脏的。”“哎呀！不要这样，给我！”这样的句子无数次地在小孩子的耳边响起，或在说话内容里被其获悉——这使得他们无法发挥自己的力量。如今，取而代之的就是将应对生活挑战的精力集中于让自己围绕在一个强大的人身边，即一个可以让其依靠并关心照顾他的人——这样一来，他还可以像一个孩子那样去应对生活的困难。

然而，也可能发生相反的情况：那个孩子并没有经历过多的保护和压力，反而是受到长期的冷落，过早地依靠自己，感觉自己处于无止境的孤独之中。为了永远！永远！永远（长期受到抑制）不会再有这种原始痛苦的感觉，成年之后，这个人便会用尽一切办法来保证如今拥有的——也就是之前其极为缺失的帮助。

特定精神趋势占上风的现象远不只是由童年时期的基本经历所导致的。当然，这类第一烙印会尤其持久。然而，同样深刻的记忆和经历也会在青年时代，还有成年期以及职业生涯中存在。女性的传统角色形象通常被定义为弱势群体，而这就使得她身上出现的需求依恋型倾向通常是被容许甚至是被需要的。

易卜生的戏剧《玩偶之家》中娜拉的丈夫是如何说的？“如果不是女性的无助感恰好让你对我有了特别吸引力的话，我并不是必须要成为一个男性的。”的确，这种理想的概念是社会“风向”引发的结果，这一风向会影响世间男女的一生，而不只是他们出生后的那几年。

让我们回到沟通模式的阐释中来。虽说之前的那种有关女性的观念很常见，但是男性也很有可能陷入需求依恋模式中。

为此，我们选择了两个朋友之间的一个对话作为例子：

A：你有时间吗？

B：有，嗯，有一点儿时间。这之后我还要……

A：啊，不会耽误你太久的。我这里又都变得一团糟了，因为海涅和他的女朋友要搬到一起住，所以就不住公寓了，而我也必须再出去找房子。这种情况还是头一次，因此我完全不知道该做什么！

B：你吓我一跳！那你不能自己把公寓接管下来吗？

A：怎么接管？

B：直接留下来就可以啊！

A：伙计，你想得太简单了！我没有租赁合同，并且我一个人来承担公寓租金的话，太贵了！

B：如果你跟别人一起呢？

A：你觉得那可行吗？和谁呢？

B：嗯，这个一时半会儿我也想不到。

A：伙计，我到底该怎么办啊？（叹气）现在只要一想到这个事情，脑袋里就一片空白，我都快不知道自己的脑袋在哪里了。

B：你可以这样做——第一，你必须发布广告，也可以给房屋中介打电话；第二，明天早上之前你必须和海涅谈谈，让他给你一个合理的截止日期；第三……

A：嘿，你不能去跟海涅谈一下吗？

B（愣住）：这个最好还是你直接去说……

A：不，你不知道，这事儿有点儿麻烦，最近我和他不怎么合得来。然后我也很担心，自己说不出这些话……

B：但我……

A：是啊，你一定会有非常好的方式，而且他也认识你，他知道，你说的话都是有道理的！

B：好吧！但今天不行，我还有别的事情。但不管谈话的结果怎么样，你都要拟一则广告出来的。

A：嗯，快说，这个要怎么才能做好？

B：这个很简单的，你就写两三行字，例如：年轻小伙寻找……

A：好的，等一下，我拿个东西记一下。你能再说一遍吗？

B：也就是说，这是你现在必须自己写的，这没那么难吧？

A：哦，伙计，我想你现在还不知道我此时的感受！今晚你能不能顺便来我这里一趟，好让我们把这件事顺利解决掉?

B：今晚不太合适。

A沉默。

B：最早明天才行。

A沉默。

B：你在听吗?

A（含糊不清的）：是的，是的。

B：好吧，那就今晚吧，但是最早得在十点半以后，而且只能待一会儿。我们会搞定所有事情的！

A（充满希望的）：好的。

让我们尝试分析一下在变化的内容和动机中反复出现的基本信息。这些信息可能不是需求依恋者直接说出的，而是通过“影射”显示出来的，即通过语气、面部表情、手势和他的表达方式“在表面之下”（但其效用并不会因此被减弱）释放出来。如果我们使用信息维度模型（见本书第二章）的话，我们会接收到如下信息：

第一，信息的自我表达维度：“我自己完成不了它，我无法胜任。我做不到那个，以我差劲的能力，我还能做什么！”

第二，（有诱惑力的）关系维度的信息："你是强大而有能力的。"由此，信息接收者通常会感到非常满意。因为与有帮助需要的人接触可以使他感到自己的地位有所提高，而且自我感觉也会变得好起来——有能力且被需要。关系维度的信息有时会像上面的例子中那样被直接说出（你一定会有非常好的方式……你说的话都是有道理的），但大多数时候是通过谈话的整体方式表达出来的。

第三，（直接和隐式）诉求维度信息："帮助我，你必须照顾我，你在听吗？不要就这样置我于不顾！"在上面的例子中，A直接说："今晚你能不能顺便来我这里一趟？"然后，紧接着，当直接诉求没有显示出预期效果时，就变得无声了——一种未说出口的指责"对，是啊，处于危难中的人是不会有朋友的"。这就给B增加了很大的压力，并产生了A所想要的诉求效果。

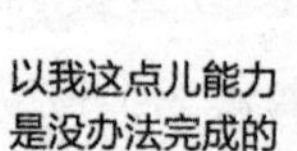

图32　依恋型基本信息

鉴于需求依恋者所表现出的软弱无助，所以当人们看到其对他人的情感影响如此强大和有力的时候，可能会感到很惊讶。人们无法轻易摆脱它——为了不让自己显得自私无情，人们觉得自己有义务用建议和行动去过问这件事。然后，莫名其妙地——如果一切进展顺利的话，人们就会很快发现自己也陷入了这一问题中——责任的重担被转移到了自己身上！咬住了关系信息诱饵——“你强大而有能力”，还同时上了“你也要负责任”的“钩”。

虽说我们不应该低估这种以柔弱和无助作为装饰的“力量”，但就此认为它具有神秘力量也是不合适的。还存在这种可能——接触对象暗地里也想要主动被引到义务感之中呢？甚至，这里存在着一种相互诱骗的系统？带着这些问题，我们进入体系的区域。

1.2 体系循环

到目前为止，我们采取的都是以个体心理学的立场为出发点做出的假定，即一个人所偏爱的交流方式会显露出其个人发展的过程，因而交流方式也成了一个和性格有关的事情。这是事实，但远不是全部的真相。另外，我们还考虑到，每个沟通模式可能只有在两个或更多人的互动之中才能得到充分发挥，即需要一个或多个参与者的存在，他们通过其建立关系的方式使得（或者说至少有可能）藏身于话语之中的态度变得明朗起来。这样一来，对需求依恋型的解释就不仅只能在个人的过去被找到，而且也会在一对伴侣、一个家庭或群体的当前关系中寻到踪迹——每个娜拉都有属于她的海尔茂（易卜生戏剧《玩偶之家》中的主角）。

通常情况下，需求依恋者会陷入两种不同的恶性循环中。同伴对他的态度是较为关心的还是回避、拒绝的，则会决定他们处于哪一种恶性循环中。

有两个普通人，他们都各有强项和弱点，只不过在这两方面的焦虑程度不同。他们碰面后，就像两块磁铁的两极一样，以某种方式相互吸引。其中一人在朝向接触面的一侧展示的是强项，居于幕后的是他的弱点。而另一人则将弱点——需要和依赖放到了接触面中，把强项放在了接触面的背面。

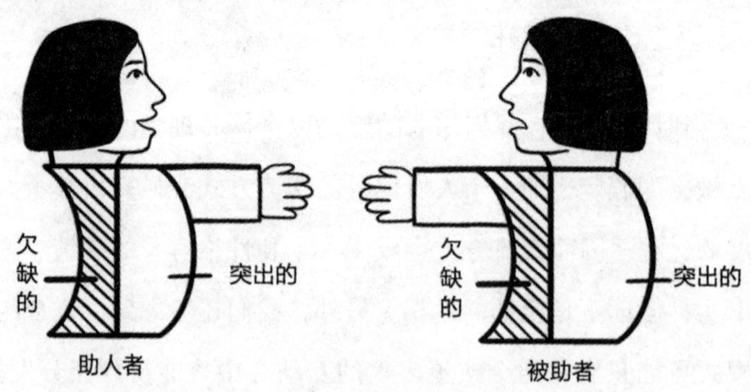

图33　交流契合面的相遇

二人之间相处契合，二者都乐于向对方的吸引力屈服，热切地想要咬住对方放出的“诱饵”。由此，对方那里也激起了同样的倾向。

下图展示了之前在对话模式的例子中碰到的一个循环：

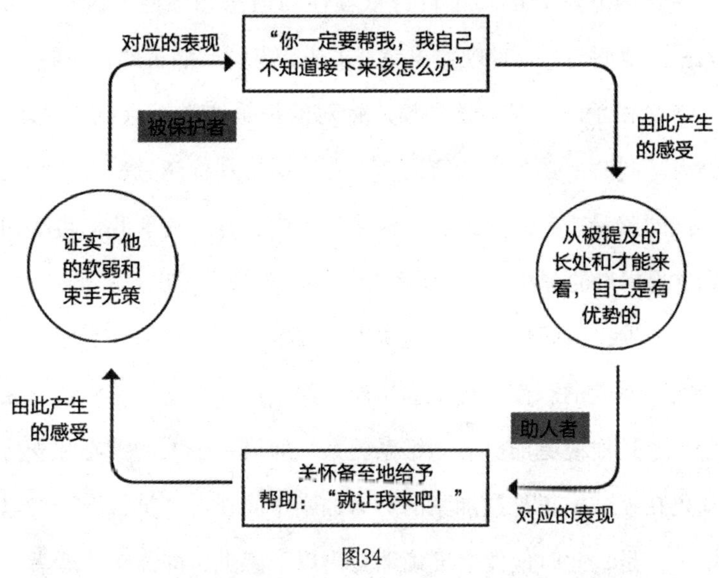

图34

表面上，这种循环对需求依恋者的好处在于使他可以暂时不用直面自己对独立的恐惧，强大的帮助者也会从这个循环中汲取他所需要的情感收益，无论如何二者看起来都像是“情投意合”的，似乎一切都令人满意。然而，通常情况下，这种循环都会变成一个恶性循环。为什么呢？因为他只允许展示自己发展完备的方面，这就使得参与双方发展中的不足之处将长期保留。

依照过去的格言，人们也许可以接受这种说法——“发展得相当不错，但有一些稳定性也是很好的！”但令人遗憾的是，这个周期仍存在着其他缺陷。对于需求依恋型的人来说，即使交往进展顺利，他的自我价值观念还是会受到新的伤害——潜伏在其内心深处的对于自身依赖性的愤怒感会遇上这样一类人——他们会一再地映照出使需求依恋者感到痛苦的自我弱点。而与之相矛盾的是，这种愤怒针对的正是这类最应该“感谢”的人。同时，强有力的帮助者也会以同情和优越感来表达完全不同的感受。有关帮助者精神背景的内容，还需要我们再次回到这里出现的恶性循环，并利用一些元素来进行扩充。

另外，当同伴明确地划清界限并怠慢了需求依恋者时，一个完全不同的恶性循环就会出现：这个情况会使他感到孤立无援，于是他便更加努力地维系关系，但另一个人的关心和支持却仍在缩减。正是这加紧的努力加剧了同伴对“被榨取”的恐惧。于是，此时他便会准确地得出以下感觉，即需求依恋者会像一个无底洞一样，如果一个人对他伸出小手指，他会立即得寸进尺地把整只手据为己有。出于这种感觉，这个帮助者连最小的手指都会拒绝给予同伴，这也使得同伴的需求因此增加到了不可估量的程度。

这里描述的两个恶性循环可能会在同一种关系中出现。例如，最初他想对伴侣表现出关怀，但不知从什么时候起，他却开始感到精疲力竭，并在这时“逆转”到了疏离趋势之中，随后又感到心中有愧。

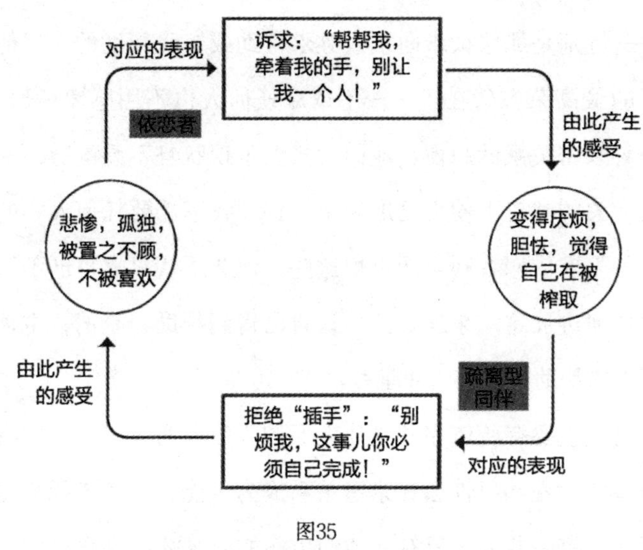

图35

1.3 个性发展方向

治疗师弗里茨·波尔斯总爱和拥有这种沟通模式的人“过不去”。他称那种不让自己有所长进，却利用精神力量来操纵别人的人是神经质的。由于无法使用自身力量，其便会动员拥有强力的朋友和亲戚。对此我们最好先对现有的资料和成果做出评估和正确的认识。我们也希望这个运行步骤在接下来的类型分析中能够成为我们的习惯，使我们不至于鲁莽、冒进地戴上

“病理眼镜”去看待这方面的问题。要知道，这样的做法对跟其他人以及跟自己打交道来说是有百利而无一害的。

有些人可能有必要使用一些需求依恋者过多拥有的东西——特别是那些很难向别人寻求帮助或接受帮助的人。他们生活的最高荣誉就在于——不依靠任何人也不用感谢任何人。出于对亲密关系的恐惧，他们大多安于现状且不爱沟通，并在咬紧牙关的状态下使自己展现出一种“我不需要任何人”的气质——需求依恋者则全然不怕这些。他会承认只靠自己不再能取得任何进展这一事实，然后让自己得到帮助。是的，主动请求别人的帮助，也是一种能力。

偶尔想要有所依靠并受他人保护、照顾的渴望——拥有这种渴望的女性和男性会让亲密关系成为可能，并使人际交往充满意义。有一些人，只有在他们生病的时候才允许自己有这样的渴望，因而总是以卧病在床的方式来得到这部分权力。

还有一些女性，她们感觉自己被弱势性别的角色形象所限制，因而在寻求解放的过程的一开始就不分青红皂白地明确拒绝了所有对依赖感和受照顾的渴望。这带来的结果是，她们真实内在中对于这个律令的不忠部分会自发地往“地下精神活动”迁移，由此造成了身心不安或是抑郁情绪的出现。

此外，需求依恋型的人还有一项他人所没有的能力：抱怨！一切都太糟糕了，尤其是还要独自面对问题的时候。另外，如果许多问题同时出现在眼前，他们会由此感到不堪重负，心里也会很不舒服，持续的抱怨将仅有的精神活力白白消耗，而且坚定的决心也无法让这所谓“可怕的现状”发生改变。即使如此，他们还是会有意地将抱怨充作释放压力的途径和给自己注入新鲜活力的方法。

考虑到有价值的部分，现在有必要提出这样一个问题：对于经常性或程度强烈的需求依恋者（其私人关系或工作关系也相应受限），他们的进一步发展可能是什么样子的呢？

他们会发展为独立和勇于自我承担的形象。在这里箭头的方向指向的是独立（自主、自决）和自我负责的方向（见图36）。

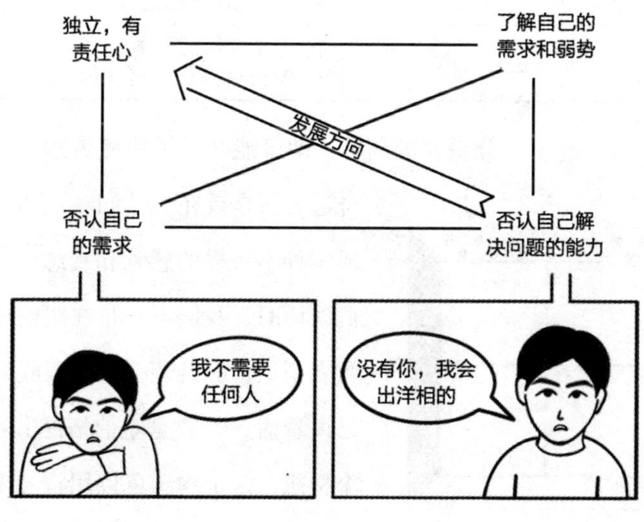

图36

在沟通层面，可以采取哪些发展措施来促进独立和自我承担呢？需求依恋型的人倾向于认为自己是被动依赖的受害者，这从他们的语言中就能看出端倪——他们通过被动结构和对依赖的强调，以及否认自己在事件中的第一责任人身份。而认识到我是一个依赖于自己的人（并为这个目标投入了大量精力），是前往扩展意识的第一步。

在格式塔疗法中，有若干用来学习引导语言的案例：当事人在一些人那里的“我不能”会被引导，试着让其用不同的句式来表达——以“我不想”开始。例如：

我不能缝纽扣	我不想缝纽扣
我不能就这么把他解雇了	我不想就这样把他解雇
这方面我也没法儿帮你	我没有帮你的打算，或者我并不觉得在这件事上你会用得着我

这里有个十分重要的问题，即可能并不是要使表达变得更合适，而是旨在让他们在说话时形成一种不一样的感觉和观念。当我们谈话时，我们不只是在跟信息接收者说话，而且还一直在跟我们自己说着话。图37是纽伯格提出的一个构想，这个构想可以用符号来表达：通过这种沟通的内在效应，我

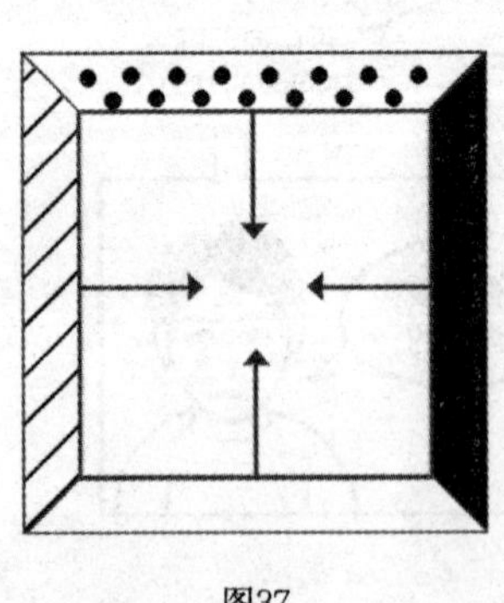

图37

们塑造了自己。谁在对事物和事件的描述中不断地强调自己的依赖性和被动性，谁就能由此保持和加固其自身从属性的感情。

在类似的场合也可以学到责任语言。你无须用“我必须”这种再度强调的行为约束自己的表达，而可以尝试“我的决定是（或者，我想）”这种选择。例如：

我不得不去参加这个无聊的招待会	我决定去参加这个招待会，虽然我感觉它很无聊
我必须早点儿回家	我想早点儿回家

我在决定的同时也塑造了我自己：通过“我必须”，我使自己变为自己的奴隶，并将责任授权给了更高的权力；通过“我想要”，我使自己成为自己的主人。治疗师会用类似的方式来审查其他表述：当事人是否强调了能够在自身行动范围内使其做出个人决定的自我负责部分，或者他是否着重指出了自己受驱使、强迫和命令的环境。

“我甚至连在晚上独自出门都不可以！”一位朋友抱怨她过度警觉的男朋友。不可以？她清楚自己给了男朋友多少陪她的权力吗？以及她是如何把责任，即对于做出“听从男友的愿望和禁令”这个决定所要负的责任推给了男朋友呢？简单来说，就是“我不能”与“我已经决定遵照你的指示行动”。

“我也应对此负责。”也许，这个尝试性的表达会引发一场与自己的冲突，这会使“我”由此明白，“我”是多容易把自己变成傀儡般的一个人——就只为了不必经受矛盾冲突，就只为了逃避负责任，避免自我成长。在每个“我不能”中，我都坚守着一部分童年式的受庇佑的心理，鉴于对关照的巨大弥补需要，才更容易理解这个无用的尝试。可以想到的是，在需求依恋者动身前往自力更生的崭新世界之前，还必须在治疗过程中补上其先前过少的所得——其仍未获得的深度庇佑、袒护与关心照顾。

对需求依恋型的人的另一个训练方向可以是逐渐改变其寻求帮助的方式。也就是：

第一，具体的内容而不是总体概括。

第二，积极地自主导演，而不是消极地放任不管 。

第三，坦率明了，而不是将自己的愿望藏于字里行间。

假如某人被一个问题所困扰，例如，前文对话中的租房问题。笼统的寻求帮助就好像是撂挑子之后把问题一股脑儿地丢给别人，却还在叫苦连天地叹息：“我该怎么办啊？”（也就是在说：“请用你的办事能力和冷静的头脑来着手处理一下这件事吧！因为我走投无路，什么都做不了！”）同时，他便由此消极地听任他人领导自己了。

与之相对，如果他表现出自己是负责的问题解决者，并且准确地向助人者指出自己需要他提供帮助之处，那么这样的援助请求就会是具体而积极的自主导演。例如：“我能确定的是，我想留在这里并设法阻止租约的解除。你知道现在该做点儿什么吗，还是你有什么别的主意吗？”“我很犹豫，不知道自己是想争取还是放弃。我最好还是和你说说我的想法和感受，之后再听听你的想法，可以吗？”

在这两种情况中，身处困境的人虽然被提供了帮助，但却总揽了一切重心（责任）。其内心的愿望得到了公开而明确的传达，对方可以对此做出是或者否的回答。此外，同伴也可以通过将这个寻求帮助者驱赶到积极状态来帮助他不做出放弃自主权的选择。所以，对于那句叹息式的问题："我能做什么？”他可以这样回应："截至目前你有什么打算？”“你现在到底想让我做些什么？”

虽然他可能不屑于接受这个被投放的诱饵，但这种方式仍有助于使对方的自救力不至于瘫痪（或跛足）。而且，也可能同伴身上真的就存在着什么东西，让他渴望并去咬住诱饵呢？经由这个问题，我们来看下一节内容。

第二节 助人型

2.1 表现形式、基本信息和心理背景

接着要讲的这种风格与先前那种互为补充关系，也就是说，它就像锁的钥匙一样与之相配。这种持续受控于强烈助人思想的

人会对需求依恋者产生像磁铁一样的吸引力。作为耐心的听众和顾问，他们总是乐意为弱者、负重者和无助者出头，习惯性地关照他们，并在对方有难时为他们提供建议和帮助（超出自己能力极限的情况也有不少）。在这个过程中，他们会焕发出一种绝对力量，似乎是在说“我不需要任何人”，或者“我就在你身边”！

图38　助人型的基本姿态

越是无法与自身存在的弱点和被帮助的需要相容，我们就越容易被助人的思想所占据。适当的沟通方式可以避免这种情况，同时也能令对方对此做出关照：

第一，通过对优势和抗压能力的自我宣称。

第二，通过对对方困扰和问题的持续关注，这常与耐心倾听的诚意相结合。

第三，通过强调对方援助需求方面的关系信息。

第四，通过对他人的劝告诉求，但其中不含任何自己的意愿。

图39　助人型的基本信息

施米德鲍尔在“助人综合征”概念下进行的精神分析方面的研究成果在从事社会工作的相关人士那里受到了普遍重视。心理学家、社工、医生、心理治疗师、护士以及教育工作者都会将一个基本的人际场合作为自己的职业选择，这种场合也使得有利于我们与人交往的发展方向被固定下来。

为什么会对我们有利？为了帮助无助者、病人和穷人，分担他们的痛苦，我们经常要熬到深夜，难道我们一定要如此辛劳吗？当然，这是毫无疑问的，然而，根据施米德鲍尔的说法，自主行为以及利他行为的内在精神优势在于——帮助者可以通过一些方法从自己所恐惧的一些事物，即他自己的需求和弱势中脱身。这种风格的心灵公理似乎是这样的：

对我而言，变得软弱（无助、悲伤、绝望）和有所渴求真是一场灾难！

根据施米德鲍尔的说法，帮助者内部有“一个无人照顾的饥饿婴儿”。这个婴儿展现了在帮助者还是个小孩儿时体会到的那种被抛弃后的无能为力感。当这种对呵护、体贴、照顾及与人亲近的急切需要被置若罔闻或被直接否定时，这个婴儿就不得不去经受和面对深重的原生痛苦。如今的解脱方式可能变成了一种努力，即努力使自己不再显露出任何与灾难性痛苦（也可能是死亡恐惧）相关的渴求和软弱情绪。

这种情况是如何发生的，人们又是如何在这里做到精神上的万无一失？这需要在与他人接触中投入那些与有害部分对立的自我方面（强势独立的部分）——这部分与所有这样的观念息息相关，即一个高尚的人应该是善良且乐于助人的——这些行为方式很可能在儿童时期就被用于对爱和肯定的争取。

根据奥森塔尔的观点，很大程度上，这种对父母的爱和肯定的争取通常是大女儿惯用的手段——作为弟弟姐妹们的“助教”，大一点儿的孩子特别认同自己父母的价值观（爸爸妈妈就是榜样），所以他们很早就表现出了强势、理智、干练、独立和认真负责的特点：“无论在任何情况下，我一直都是那个认真负责或者明白事理的人，这对我现在的生活仍起着极大的作用。”

然而，这里有爱的认可，但儿童般的渴求却不受到欢迎，并不能相应地从他们的自身体验中匿迹：“有趣的是，我一直很独立，从一开始就是这样。有时我会想，还是孩子的时候我就已经是一个小大人了，其实在这个角色中我的自我感觉良好，直到现在我还一再设法使自己重新回到这个状态，也直到现在我才恍然大悟：我更想身边有那么一个关心、照顾我的人！”

对小大人来说，照顾对方成了与人交往的基本模式（不知道为什么这就成了我的角色，我总会表现出一些关心、照顾和责任感），而且直至成年之后也无法改变：“我经常希望有人在身边告诉我该怎么做。只不过，后来我长大了，我当然不适合再那样想了。”

这样的情形意味着放弃了角色带来的一些优势：“他一直都是我要照顾的弟弟。”

下面这两句话表达了大女儿复杂的精神效能：“你必须善待那个把你最需要的东西据为己有的小对手！”“当我们发生争吵时，如果是我赢了妹妹，我总会挨一顿训。这再清楚不过了——作为年长的我就是‘负有责任的人’。”

为了不让“另一部分”在内心中出现，这时就需要一个强力超我的出现（一个高尚的人应该是善良且乐于助人的）。在某些情况下，这是不可能实现的：据他们自己的陈述，许多姐姐常常折磨、欺负自己的弟弟妹妹。

这次回顾之后，我们可以更加透彻地体会到助人型的精神状态。为了致力于“强力交往”，他们会表现出以下特点：为了保险起见，他们把自己寻求父母照顾的心思锁了起来，却让他

图40　助人型基本姿态补充

人代为得到了那种他自己还没有充分拥有的关心和照顾。与此同时，这种高尚的自我形象还需要得到人们的认可。将这些方面补充到图38之后，我们就得到了图40。

以下两个自白，可作为对目前为止我所说的内容的补充说明。

一位自我觉察的女同学这样写道：

由于得了相当严重的病毒性疾病，我不得不在一家诊所接受为期三周的治疗。与那里的医护人员的接触——尤其是与一位夜班护士的接触，让我有了参加护理培训的想法。因此，我在毕业前的一个学期退学了。即使我的父母并不是很赞同我的这一想法，但他们却无法对类似博爱以及“终于想靠自己的双手打工赚钱”这样的崇高动机提出任何异议。

为了实现目标，我花了很多时间去学习为人们提供帮助的技能，在高等学员紧缺的那个阶段，我很快在汉堡的一家医院谋得了一个职位。我的“助人症”在这里得以发扬光大。我不想成为一个好的护士，而是想成为一个极好的护士。

从一开始，我就严格按照执勤表的要求来安排自己的空闲时间。如果我有早班（从早上6点开始），我必须在晚9点之前睡觉，因为“病人有权拥有一个清醒的护士”。即使感觉很糟糕，我也会去上班，强迫自己保持微笑和心情愉悦。如果遇上人员不足，我会一日无休地连续工作15天，因为我一定要显得自己很坚强能干才行。但是，我只在开始的前五个月里达到了给自己设置的标准。在那段时间里，我总是会感到像“你一进门，太阳就升起来了”或“如果你一直都在的话，我会恢复得更快”之类的幸福。当时我经常产生一种职业情感，即“如今我终于找到了梦寐以求的工作”。

但没过多久，我就不再满足于对这一理想的假设了。工作之后的我身心枯竭地端坐在家里，望着眼前的空白，像是丢了魂儿似的，这样的场景越来越频繁。我对工作开始感到不满意，它让我如此心力交瘁，（根据我当时的想法）它也没有给我任何个人发展的空间。

在伴侣关系中，我同样没感到过愉快，我总是觉得自己处于透支的状态之中。如今，我知道了——是我选择了有问题的男性作为伴侣，是我将“我很坚强，我帮你的时候，你倒是有所表示啊”这样的念头带入了伴侣关系之中。如果伴侣没有积极回应我的话，那我就会断绝这段关系，并以新的干劲儿投入到我的工作中（至少患者还是心存感激的）。

但很快，患者和同事对我的认可已经对我不再管用了。我的标准一再提高，也时常对我取得的成绩感到不满意。就算我以优秀的成绩通过了考试，可我依旧觉得自己在实际工作中完全是个饭桶。我体内那个饥肠辘辘、孤立无援的“婴儿”嘶哑地啼哭着，我获得的认可也从未使他“吃饱”过，甚至连接近“吃饱”的情况都不存在。

对这一不良状况，我的身体自然也有了反应。我患上了睡眠障碍，外加胃肠疼痛，因此每天早上醒来总是感到精疲力竭，可还必须投入更多的精力来努力维持我的外在表现，而对应的药和汤汁则用来将胃肠疼痛控制在可接受的程度。

为了更好地帮助那些垂死的病人，我打算学习心理疗法。在五年的工作经历之后，我开始了对心理学的学习。可以说，这是为了在学术基础上进一步完善我的助人型综合征。我在一家医院参与临时工作时与一名有治疗经验的护士进行了交谈，还对本科学位课程给出的心理学学科内容展开了学习。此外，我还在社会福利工作站那里负责老年人护理工作，并参与了站里的员工会议……通过这些学习，我慢慢地发现了……

以下的第二份报告也来自一名女性。但不能由此断定，助人型是女性的典型接触模式。根据我的经验，女性和男性在这里同样具有代表性，只不过女性常常更容易觉察到自身的心理过程并愿意对此进行讨论。

下例形象地说明了助人型的人是如何处理自身需求的：

我向外界展现出优势、可靠性和沉着冷静，通常也因此在关系中占据上风。对我而言，这是积极而惬意的，因为经由那个聪明能干的耐心顾问角色，我获得了对我的头脑的认可，并且体会到了被需要和被喜欢的感觉。我身上不仅存在“强者”的形象，而且还拥有着“永久强者”的形象。我不承认任何臆想中的弱点（悲伤、无助等），更重要的是，在这种情况下我也不会让人来帮我。我不需要任何人！

但是当我真的需要某人时会发生什么？我以隐秘的形式发送我的需求：咬紧牙关直到最后一刻，经常变得身体不适或把自己藏在某个地方，只有在我感觉好一点儿时才又同自己恢复联系。当然，我暗中渴望着有人能来照顾我。但是，我不是直接寻求帮助，这样是与我的自我形象不符的，而且恐惧的产物使我无法这样做。另外，通过我之前的行为，我已经在其他人那里构建了一个自己的形象，以至于他们很难想象出别样的我——比如一个哭泣的我。因此，我不会给其他人任何帮助我的机会。虽然这一切都是我自导自演的，但它却激起了我极大的失望，为了不被完全榨干，我感到自己被剥削利用，变得分裂，像是成了对方的牺牲品。然后，为了不再那么失望，我决定给自己覆上“感觉迟钝”的厚重外壳——毕竟，我不需要任何人！

这些自我鉴定特别精确地表明了助人趋势给帮助者带来的危害。虽然他（或她）达到了目标（保持较低水平的弱势面和渴求感），也得到了满是敬畏的认可与感激。但在他体内的那个“饥饿的孩子”仍然处于营养不良的状态，一段时间之后，他依然会觉得劳累过度，筋疲力尽——像是被“吸血鬼”层层包围（他们各个都想要“我”的东西），又像是被误当成了“精神垃圾桶”。由于这些情绪波动不符合行善者的理想形象，所以一些消极情绪（比如阴郁心情、恼火情绪）常常会使帮助者有孤独感和疲劳感，这样的感觉一般通过一些病征显现出来——这可以看作是一种为防止内心暗语被暴露所采取的身心紧急措施。

据施米德鲍尔分析，基于一些统计数据，出人意料的是，专业助手经常使用成瘾物质——这可能与医生和医院工作人员特别容易在这里获取这些东西有关。

而不管怎样，他的精神分析解释倒很有可能是正确的：助人者发现——自己无法赢得“饥饿婴儿”所要求的那种人际亲密关系，即在互惠关系中得到安全保障和支持帮助。如今的上瘾就是在试图“制造”这种类似的感觉，但没有人需要这种感觉。

因此，施米德鲍尔创造出了这个公式：成瘾物质=“有毒母乳”。这使这些观念得到了明确的统一。成瘾物质可以在免除必须“战胜自我”的情况下服用，并能保证替代物达到满足条件，只不过要付出慢性自我毁灭的代价。而助人本身也许就是一种上瘾方式，即早就从想帮助变成了必须帮助。

2.2 体系循环

突然之间，我们已经能够设想到助人者在人际沟通中陷入的困境——迫切需要他人将其层层包围，不断索求着他的关怀，以至于这部分需求似乎变得越来越突出，使得人们一看到他就感觉自己有了可信赖的依靠。

在同精神障碍者（例如，抑郁者患者、酗酒者及其他成瘾者）打交道的时候，助人者往往有变为病症帮凶的风险，即成为“病症保护者”。他不想让“症状持有者”搞清楚其自我伤害行为的真实后果，也不想让其掌握自己的命运。助人者的这种贡献，尤其与对酒精成瘾的研究相关，也称为“共同行为”。而这种贡献也自然使人们提出了一个问题，即个例中合适的帮助或合适的拒绝帮助到底是什么样子的。

对于这个问题，可以参考多纳和普洛格的教科书。我们在这里的关注点是“正常”人之间的交互式动因，就他们的趋势而言，现已分化为需求依赖型和助人型两种。为此，应重新扩充我曾说明过的恶性循环——魔鬼就在他的身上：除了“官方”关怀和感恩的外在循环，还存在一个很少被意识到的，与失望委屈的情绪、攻击性行为及破坏活动相关的内在循环。

被保护者除了体会到救助者使其获得的轻松心情之外，还往往会感到自身需要受到了侮辱和伤害，帮助者“饱尝”了这种需要并以此为基础构建自己的自尊心，这给被保护者造成了极大的心理矛盾：“你不应该觉得你能把一切变得更好，还觉得很了不起！”在他心里响起了一个细微的呼唤，循着这个声音，他不再乐意看到帮助者的成功，并开始对其隐瞒所获得的成果。所有建议和救助措施都不起作用（好的，不过……），甚至可能会被回绝，现在他让助人者承担的责任就是“现在糟了，看看你惹的麻烦”（见图41）。

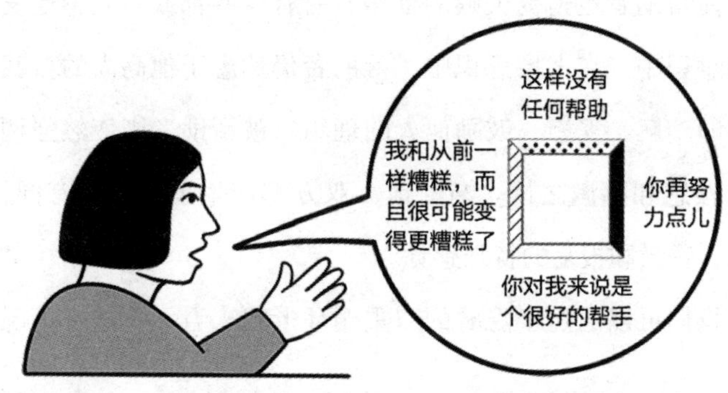

图41 恶性循环中寻求帮助者对于助人者的反应

可见通过向帮助者证明他是多么的不够努力，这个无助的人实现了两件事：一方面，他借这一小小的报复行动来弥补自己受到的羞辱；另一方面，他鼓励帮助者不要放松其努力——为弥补所遭受的重挫而再次强化这种努力。

而帮助者（我只是在试图帮助你）也为他的“种子”着陆于这样一片鲜有收获的土壤而感到失望恼火。但是，他意识到——他也有采取措施的责任，在一切变得更加棘手的时刻，他不能再让别人失望了！就这样他接受了挑战并付出了更大的努力。毫无疑问，被帮助者无法完全掩饰他的愤怒，掺有敌意的感情混合物使帮助者的建议变成了“打击”，这让帮助者感觉到对方还是害怕——这是一个在强有力帮助之下都无法振作的失败者。

现在，这种几近公开的羞辱驱散了感激之情，也相对地唤起了使帮助者也遭受失败的欲望。所有这些都或多或少地发生在潜意识中。在上层意识中，帮助者仍然忠于他高尚的自我理想，即劝解、安慰、鼓励他人的理想。被帮助者则依然强调他的依赖感和感激之情。渐渐地，双方都产生了一种混有同情、愤怒、感激和报复的特殊感觉。

我们可以通过半隐藏的双重循环形式来看一下这一情况的动态：

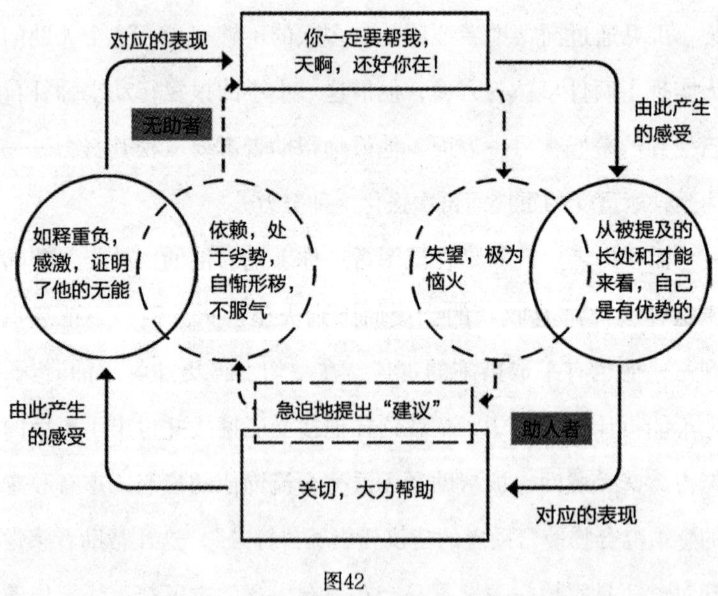

图42

在训练或监督小组中，这个双循环可以在几分钟之内产生，并把整体的人际氛围搅扰得一塌糊涂。一位参与者提出一个问题，以此发出一定的帮助需求信号并引发其他人的帮助趋势（通常还混杂着自我证明和控制以及决定）。他们回应以聪明的分析，受了侦探训练般的询问以及很多建议。提问者产生了一种被无所不知的“天使”所控制的感觉。为了不像傻瓜那样任人摆弄，他开始对“自以为是的聪明人”展开（秘密）防御战：我已经有过这样的失败尝试了，这完全是不切实际的。

此时，帮助者变得不耐烦，对他们徒劳的努力而感到恼火，并对他们这位求助者的忘恩负义感到失望，这时他们就越发加紧努力，力图使他“醒悟过来”。双方的恶劣情绪被激发了出来，“寻求建议者”（其实不是为了寻求“建议”，而是想获得理解和鼓励）和帮助者之间的问题变得远比最初时棘手——这类情况也对今日不同面貌的职业帮助做出了贡献。

2.3 个性发展方向

截至目前，在强调助人型对心理健康造成的风险和构成关系陷阱的可能性时，我们也不应该忘记那些责任和能力，即在紧急情况下和无助阶段中支持照顾他人、为他们减轻部分责任——而这一责任也被视为他们做人的价值以及成熟的标志。在心理上，我们会对助人意愿产生这样的怀疑，即它的确不该用来为别人的利益服务，而应该用来保持发展自身完好无损的动态心理。与这样的怀疑相比，助人意愿的形成才是更为宝贵的财富。当精神分析学被冒失地用于揭露意图时，它就失去了其存在的意义。相反，这种意图使我们得知，除了合理必要的援助之外，还存在一种可能损害双方关系的伪援助。这会使得助人趋势产生难以解决的问题：

第一，如果助人者通常这样安排他的交往和私人关系，即不存在任何有关付出和索取的互惠关系，只是出于本能意愿，希望通过关注他人的忧虑和需求的方式来忽略自己在某些方面的感受。

第二，如果助人者着力于通过对他人150%的付出损耗自身精力，甚至都没感知到他的自身需求。

第三，如果助人者看不出自己从利他行为中获得了什么利益，只通过与乐于助人的高尚自我形象融为一体来对自己施加道德压力。

第四，如果助人者由于内在压力，一再对号入座到强者和胜者的角色，削弱寻求帮助者的自救能力并使他保持依赖状态。正如露丝·科恩所说的那样："帮助过少是为盗窃，过多则为谋杀！"

任何将自己视为"顽固型"助人者的人，都可以从双重角度指导他们的个人发展。其中一个涉及同自己的相处，另一个则是满足伙伴之间的相处。

（1）独立与需求

在与自己打交道的时候帮助者会发现，如果他试着放弃对自身利他行为的自我解释，并且问自己："当我一再地为别人消耗自己（并且可能感到被利用和压榨）时，我自己从中得到了什么？"那么回答可能是：我获得了认可和感激。这是毫无疑问的，但在许多情况中还要坚持的是：即使早就对获得帮助者的忘恩负义感到失望，也要保持助人的基本立场。

面对这种情况，更深层的回答也许是：助人立场使我回避了自身需求，不去感受自己的无助、渺小和软弱，并对以下的感受袖手旁观：有时我也需要这样一个人，在他面前我可以表现出自己需要帮助的一面，而且他也会给我支持和依靠。总之，以上这些感觉就是第一步。因为自我形象（我很强，不需要任何人）是精神生活中的强大指挥，也不允许某些声音的出现，要不然就会立刻用"鼓励喇叭"把这些声音淹没。

第二步是在行为层面上向他人寻求帮助或"苛求"他们关心自己的危难和困境。对于帮助者来说，这通常是一种"痛苦治疗"，即就算咬断舌头也不想说，毕竟它也没有那么糟糕，迄今为止"我"自己也很好地对它进行了处理，而且其他人一定还面对着比这更大的困难。与自身模式针锋相对的是当事人在心理治疗中的角色，对这一角色承担责任本身就是一次可能取得进展的越界（这就是当顽固的帮助者想为自己做点儿什么时，他们更愿意接受一次“进修”的原因）。

当然，属于这些观点的价值模型与需求依恋型存在的价值模型相同，只是多了一些相交的发展方向。

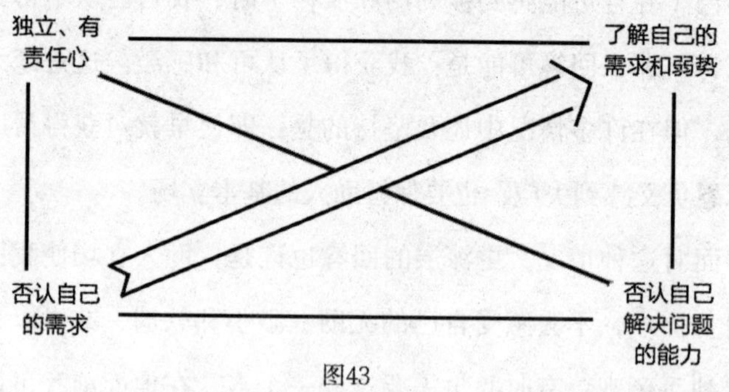

图43

对于一些人来说，在第一步（对需求部分的自我感知）之前先做第二步（在行为层面上）更为容易。这也是可以预料到的。想象一下，先用哪句话引出对话看起来会比较合适：

- 我需要您的帮助。
- 请问您有时间吗？我需要摆脱一些东西？

此时，要学会有意地经历在这之后可能会发生的状况，并面对所有出现的内在感受。“痛苦治疗”的本质就在于，开始时不只会觉得美好，而且也会存在非常不好的身心感受（心悸、紧张等)。“恐惧已经在那里存在很久了”是心理场景的经验法则。个性发展意味着进入新的禁地，并从它的“看门人”——恐惧身旁走过。需要注意的是，这里所冒的风险应通过情境或关系提供的安全性获得平衡，否则便会造成新的伤害和失败的风险。

(2)保护与挑战

现在探讨一下受保护者与其搭档。所谓的受保护者，即为一些出于特殊角色关系对助人者进行授权的人，例如，孩子对父母，青少年对老师和辅导员，员工对上级，委托人和患者对救助行业人士。

如果助人者喜欢夸大保护、照顾和呵护的部分，不久之后会发生什么呢？阿尔弗雷德·阿德勒认为：“娇惯型”教育方式的后果是尤为严重的，因为它阻碍了学生自我能力的发展和他“克服困难”的可能性。同时，在独立应对的基础上培养出稳定的自身价值这一过程也会相应受阻。在不被那种“我无法对他们所受的煎熬坐视不管”的感觉所控制的前提下，过度保护的教育者(上司、辅导员、培训师)必须学着对学生提出一些要求和挑战。

图44的价值模型就是在要求教育者使出一个很难攻破的绝招，因为昨日还迫切需要的保护很可能会变成将来的“过度保护”。

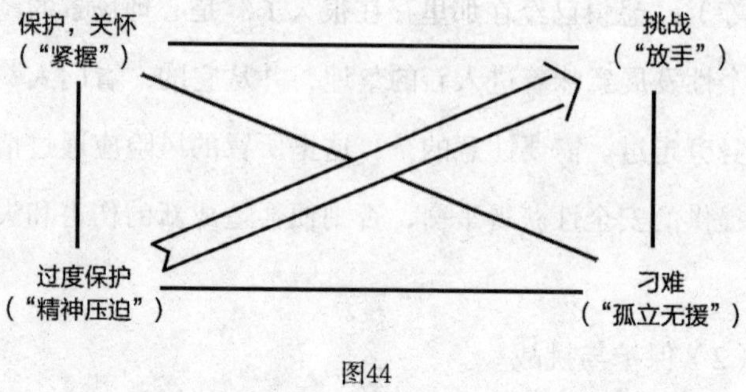

图44

（3）情感代入和划清界限

当助人者与纠缠他的“极弱者”打交道（并被他吸引）时，能够做些什么呢？简单来说，他必须学会的就是拒绝。在我们的培训课上，当参与者将学会拒绝设定成自身目标的时候，他们总是会感到非常的惊讶。如果他人把自己的不幸用于施加影响或用来做暗示，这个时候助人者会觉得自己是残酷无情的。

这里需要强调的是——同情和助人意愿是不应被废除的，但如果助人者认为自己受到了十分严重的影响，甚至到了感觉他人的痛苦在自己体内隐隐作痛却无力摆脱的程度，如果他突然之间觉得自己对补救损失和缓解问题负有责任和义务，那他就会失去必要的界限并陷于感情的旋涡之中，这个旋涡会导致你我之间的界限变得模糊起来（一种融合的状态）。显然，只有在情感代入和划清界限二者平衡的土壤中，一种良好的帮助才会被顺利地培育并成长起来（见图45）。

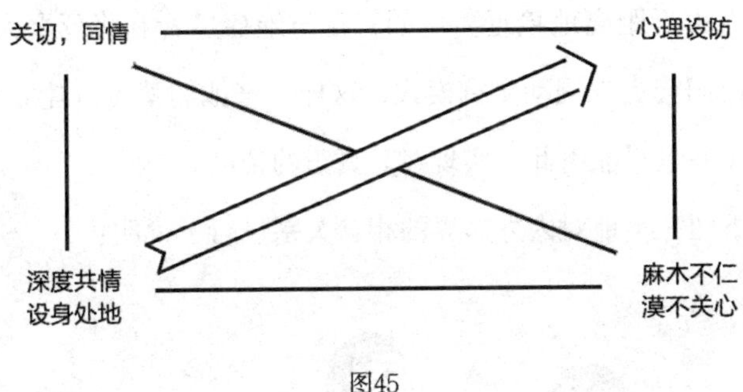

图45

在关于倦怠综合征，即事业心冷淡（职业倦怠）的文献中（布里施）提到了相同的平衡。布里施提到了一种“可调节厚度的外皮”：足够薄，以使对方的需要可以透过；足够厚，以使自己不被它侵袭。尤其对以帮助他人为主要职责的专业人士来说，实现职业效能和心理健康正取决于对这个划界问题的解决。

在划清界限时，区分外部行为和内部动态非常重要。过分突出的对外界限（你自己来看看吧，这个事情让你办成什么样子了！绝对是你的问题！你没必要在那抹眼泪装可怜，那对我来说没有任何作用，还会让我更反感）通常是以潜在的内心敏感性为基础的。

由于过薄的皮肤会被佩戴上带刺的铠甲，如果铠甲使帮助者的境况窘迫，他能忍受的程度越低，就会越需要粗鲁强硬，并带有敌意地将拒绝挡在自己的身前，所以内部融合必须与对外防御堡垒保持平衡。相反，那些内心设防的人会允许陷入困境的人更近距离地接近。例如，在与绝症患者和将死之人接触时，他们会更少调动防御模式，这样一来他们就可以建立沟通，从而（并且只能由此）实现对其真正的帮助。

下图完美地对内外边界的相互关系进行了说明：

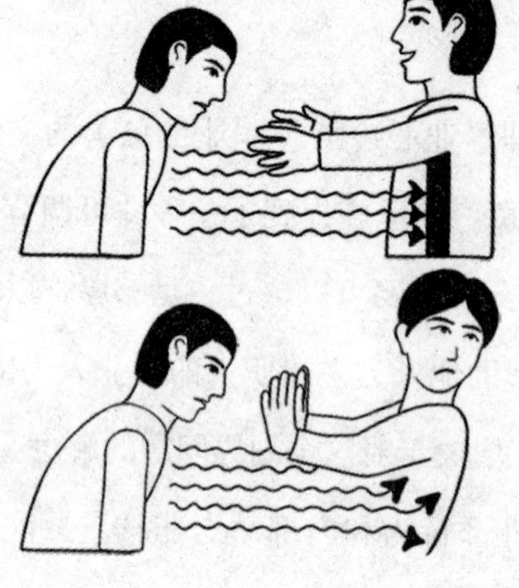

图46　帮助者一方的交流和界限

考虑到这方面，以下情况就会突然变得易于理解，即许多专业救助人士在一段时间之后会极为“无情”，且带有部分恶意地对待他们的照顾对象，同时将这些人降格为病例（给18号做一下心电图，当心！这个棘手病例是个偏执倾向严重的烦人精）。好像（确实）这些很残忍的事情证明了一种内在紧急防御的存在，在帮助者面对某个人并受其影响时，它可以为他抵御所有那些不得不去接触的痛苦。

哪里缺失内心划界的精神力量，或哪里没有创建供给力量的机构，助人者（例如医生）就会定期出现在那里对他的内心状态进行修正（他曾在那里摆脱了一些事情）。在那里，内在划界的缺失仍需用外部防御来补偿，即一种广泛实施的应急措施，其中结合了内在冷漠和对当事人的敌意情绪。

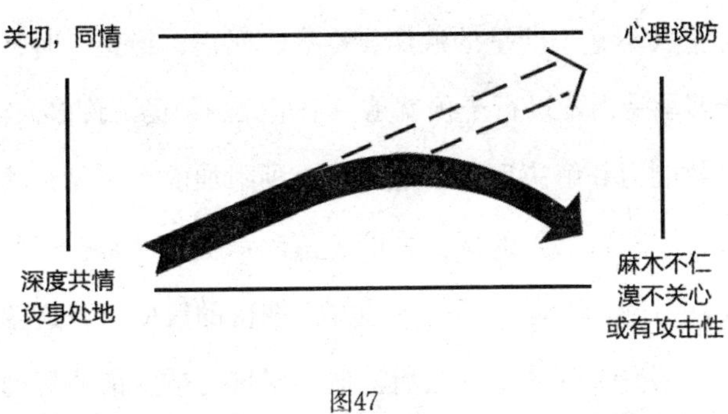

图47

通常，这种情况也会发生在那些想要以责任感和同情心全身心地为需要帮助者奉献的人身上。这种朝着反向极端的“突变”正是发展模式中最具代表性的运动方式。赫尔维希已经注意到了这种运动方式，他说道：“当我们还没有能力建立这一价值的对立关系时，我们倾向于以过度补偿的方式从一个无价值逃入与之对立的另一个无价值。”

然而，基于实践观察也可能出现另一种情况，即同时对内部和外部缺少划界。这种人因为过于“操心”（在双重意义上），以至于他们富有同情心的悲伤很快就超过了原本属于当事人的忧虑和困苦。然后矛盾的成果就会一再上演：这个忧心忡忡的人不得不去帮“助人者”重新振作起来，大多还包含了下次不再让自己的忧虑增加其负担的打算。

助人者可以做些什么来改善他的内心划界呢？他要知道，在应对重大不幸（严重的疾病、疼痛、死亡、绝望）时，通常来说能够承受而不进行干预就是一个很大的帮助。许多人认为，缺乏自救能力和解决问题的能力是一种附加的毒药，必须加紧对困苦者（和自己）的保护才能免遭此毒害。通常，情况却恰恰相反，当困苦者遇到了一种他并不期待的反应时，这就是我们认为必须要做到的干预之后，他感到自己被所谓的帮助欺骗了，即一种可能是由无法切合意愿的人道同情所实现的帮助。所以，这关乎忍受。

更确切地说，大家对忍受并不完全陌生。助人者越是深入研究他所遇到的主题（抑郁、孤独、不治之症、暴毙和离世），他就越不会感到惊慌害怕，受绝望感染的可能性也就越小，更有可能变得坚如磐石，在激浪的拍打中不受任何撼动。因此，至关重要的是，从事于工作成果与建立人际关系密不可分职业的人员，需要接受定期的职业治疗的检查。

第三节　自我牺牲型

3.1　表现形式、基本信息和心理背景

自我牺牲的模式与帮助他人类似，对此也存在着这种基本模式，就是为了其他人，感知他们的愿望和需要，并为他们服务。但是，帮助者寻求一种主权姿态，可以说是“从上面”，而自我牺牲者的牺牲倾向则有些低声下气——“从下面”。

其心理动机也与帮助倾向不同。如果在帮助倾向这里，取决于避免自己软弱、无助和困惑的感觉并通过相对于需要帮助的人（或者那些被提供帮助的人）有优势的高级姿态来证实自己的实力和无困难，那么与此相对，在自我牺牲的模式中则是彻底地包括这种软弱感。这里典型的是对个人无意义和无价值的深刻信念，只有通过为他人付出才能得到足够的补偿。这一心灵公理是：

图48　自我牺牲型的基本姿态

“我自己并不重要，我只有在对你和其他人的服务中才有用处！”

通过别人定义自己是缺乏自尊心的表现，同时也是防止自我形成、成为一个独立个体的手段。显然，在儿童早期发展的时候有一个时间，在这个时间里任何自我意识都被狠狠地抑制，更重要的是，并没有证据表明孩子有个人价值和个人意义，并且每一个证实孩子完全可能有自己的愿望的假设都没有应验。

“你什么都不是！”是一种公告，为了不被赶出集体，孩子已经适应并让自己为了他人的目的被利用，最终在他的生活态度中，他把自己定义为别人的工具。其优点是对排斥的巨大恐惧变小了，而这种恐惧会像男低音一样伴随着精神生活，并作为分离焦虑在主要关系中继续存在。对其他人有用的投入成为（少量）承认的唯一来源，这种投入至少是被感知到的。

在这个背景下，女性无疑比男性更容易遭受这种感觉，下层阶级的成员当然也比中产阶级的孩子遭受的更多。在这个背景下，我们能够理解这种自我牺牲的交流风格。

典型的就是对他人价值的提高和对自己价值的贬低。“你是决定性的”关系宣言与时刻准备赞赏他人强的和好的一面，忽略他们弱的和错误的地方，认为这些无所谓并原谅这一面相关联。

与此相反，自我宣言“我不重要”或者极端的甚至会说“我什么都不是”，通过这样的方式不断地让自己变得非常渺小，贬低自己的价值。通过自贬的行为，这些完全可能一字不落地发生，例如：我知道，这是一个愚蠢的问题，但是我只是想问；很遗憾我没有受过教育；我肯定一直在麻烦你，很抱歉，我用这些不重要的事占用了你宝贵的时间。

如果另一个人反对，那么这理所当然的只是他令人钦佩的礼貌的一种表达。托曼通过以下图片形象地表现出这种自我贬低的倾向：

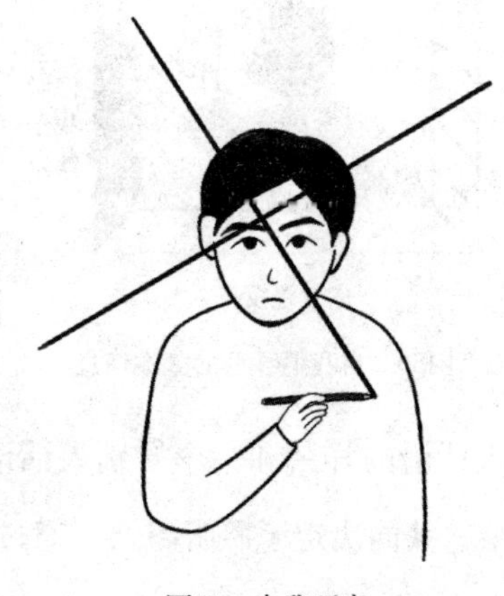

图49　自我否定

同帮助者一样，自我牺牲者也避免把自己的问题和担忧表露出来，但是是出于其他的原因。如果一个人不想软弱并且贫困地活着，那么对他来说，进入焦点中心，给自己的伴侣增加负担和麻烦是不可想象的。“我不能指望你”是内心的信念。如果有一次，也只是简单地暗示一下，并且在对方真正回应之前，又会快速又平静地退缩，再次让它破灭。“这真的没有那么糟糕，而且基本上也完全不重要！”

他们忽略自我表露，使个人内心世界中让同伴失望、受伤和生气等所有令人不舒服的一部分都变得更加纯洁。出于适合他人心意的愿望，其基本要求是：“你说，你想让我怎么样。”

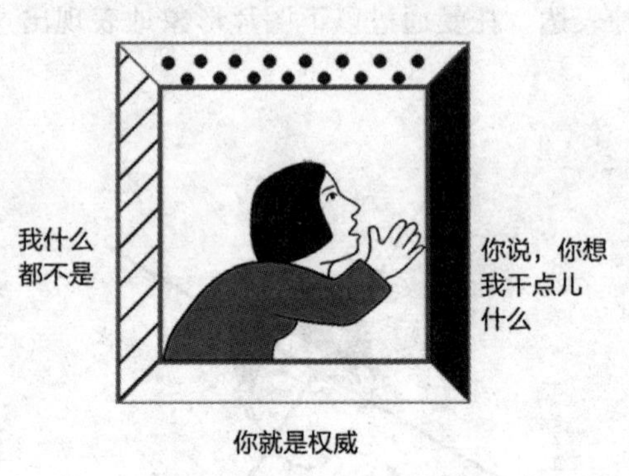

图50　自我牺牲型的基本信息

一个接收别人话语的耳朵和一个对别人话语站在负面重新解释的“关系耳朵”共同决定了聆听习惯。通过听命令的耳朵，自我牺牲者一直在暗中守候，为了让他的反映最终能够适应他人的期望，当他感觉一个意见很重要时，他就会下意识地笑起来，这里并没有一个中间时间来决定，他是否觉得这个意见完全有趣对他而言也不重要。人们也可以这样表达：他忽略自己，只对别人做出反应，从而使自己成为一台机器。

“关系耳朵”为自我贬值额外提供了外部的东西。对话者的表达被（重新）解释成始终在怀疑中暗示他们的无价值。“你把一切都理解反了，误解这件事了，尽管误解的是你自己。”一个丈夫责备他的妻子，并且他再一次证明了她的错误。

消极的重新解释机制通过下图可以形象地表达出来：

图51　自我牺牲型的消极关系耳朵

我们还收集了一些这种风格的特点。谁陷入这种自我牺牲的趋势中，谁就会对自己的观点有所保留，尤其专注做“伴奏音乐”，更多的是“插话”而不是表达自己的看法：

“是的，我也是这样认为的！”

“哦，这确实很可怕！”

“是，说的是！”

“但是，确实是！”

那些总是说这些话的人，演奏这种确定的“伴奏音乐”会感觉越来越得心应手。为了不通过表达自己的观点凸显自己，自我牺牲者会用他们灵敏的触觉感受在队伍中刮起规范式的“风”。

“我感觉自己变得不受他人话语影响了，但是回忆起我为了把所有事情做对，不引起不适并游走在正确的‘思想巨浪’中所做的努力，我还是觉得很尴尬。我记得，只有在其他人公布了跟我一样的方向的时候，我才敢说出自己的想法，还有曾经当我被先提问的时候，是多么糟糕。我小心翼翼地躲避困难的行为引起了注意，我被批评了。”

当他们陷入自我贬低，鼓起勇气说一次自己的想法时，绝不会说得十分清楚明了，像“我认为这是错的”这样的语气是肯定不会出现的，而更多是一种语气弱化和痕迹的表现：“不管怎么样，我认为这个可能有点儿夸张，我的意思是，我并不是反对这个，不是吗？”这样说是为了减轻我们在差异形成的时候感受到不和谐的害怕。

图52　害怕冲突和克制动火

自我否定的人的座右铭是："不惜任何代价的和谐！"因此就表现出他对冲突的厌恶和对侵略的抑制。

自我贬值的行为已经有将自己作为问题的症结排除在外的隐蔽意图，以此来安抚对方。争吵和辩论对自我贬低者来说是一个巨大的威胁，因为每一个激烈的言论，甚至是微小的意见分歧，都会在他那里激发出在他的精神生活中扮演如此重要角色的分离焦虑的火花。

为了避免争吵并安抚他人，他总是喜欢让步，自己主动承担那些麻烦的负担重的事情。为了减轻别人的负担，他承担得已经够多了。他顽强地抓住这些重担，不让别人来承担——这种行为表明，这些重担已经成了他不可分割的一部分。如果人们把这些重担从他那里拿走了，那他还能剩下什么呢？只有通过负担才能维持他最后的尊严！

图53　自我牺牲型基本姿态补充

我们不要忘记，每种交流方式不仅仅是对某些东西的表达，同时它也有或多或少的隐藏意图。谁不觉得应当感谢这样一个友好的、无私的、谦逊的、永远不会变坏并想为人们把所有事情都做好的人呢？所以无私的人通过他整体的个性编织了一个温柔的网，周围的人在这个网中觉得自己被深深地吸引住了，不能自拔。

一个女大学生这样写道：

> 我的母亲总是将自己描绘成一个完全无私的烈士，在某些时候，我注意到，她总是以非常微妙的方式贯彻她自己的利己主义（意志）。她总是很好（耐心），因此几乎不会给人吵架的可乘之机。如果她想要我们的某些东西，她不会去要求，而是请求。如果被拒绝了，她就会做出非常悲伤的回应，然后我们孩子就会有负罪感，我们就会尝试变得特别友好，并以某种方式满足她的愿望。
>
> 不久前我才明白，这是我妈妈的一种武器，同时我注意到，我把它用在了我男朋友身上。现在我已经意识到了这一点，并且和他谈过这个问题，我可以更好地处理它。如果我重新回到正常的行为模式，我的男朋友就能指出这一点。

3.2 体系循环

从相互制约的动态关系角度来看，无私涉及一种交流模式，我们可以按照以下方式对其进行分析。

我们想象两个人，像你和我一样完全普通的人。这两个人的实际情况是，他们感觉自己一部分是出色的，是极好类型的人，另一部分却是差劲的，像是一个无足轻重的人，不能提供很多东西。这种对于自己的自相矛盾是完全正常的，符合人性中的光明面和阴暗面。但是，现在出现这样一种情况，两个人中有一个人更害怕表现他出色的一面。他面向交流的是“不怎么好的一面”，是在他的生活经历中始终让别人轻松的无私的一面。他通过表达对维持关系有积极作用的宣言（你是起决定作用的），承担起别人的“自恋重建工作”。而另一个人天生就害怕自己坏的一面，所以他感谢每一个对他的出色表示承认的人。同时，他羞于把自己不受人喜欢的阴暗面展现给别人，这些都在他的自我描述中表现了出来。结果就是完美的合作，这是一种完美的精神分工，使两者都免于整合自己有威胁性的部分。

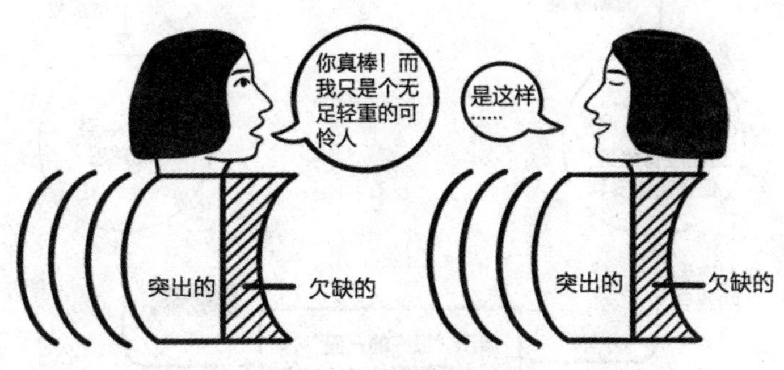

图54　交流契合面的相遇

与之相应的循环就是由这种互相适合来决定的，并且首先给相互关系一种稳定，这种稳定是基于人们不需要说出自己欠发展的部分。

直到这个时候，双方都完全满意并且每个人都感到得心应手，这让双方的魅力都变得有价值。对于同伴来说，他所接收到的（通过宣布自己是极好的类型来索取的）关系宣言是有诱惑力的并且是讨人喜欢的——他能在他的价值、尊严和重要性中感觉到，并且从人们的眼睛中他读出他们的感觉也不是那么不舒服。他的满意让自我牺牲者也感到满意（就像这是他的天性一样："如果你满意，我也满意！"）。这种屈尊的行为是他与地位低的人产生联系的保证。

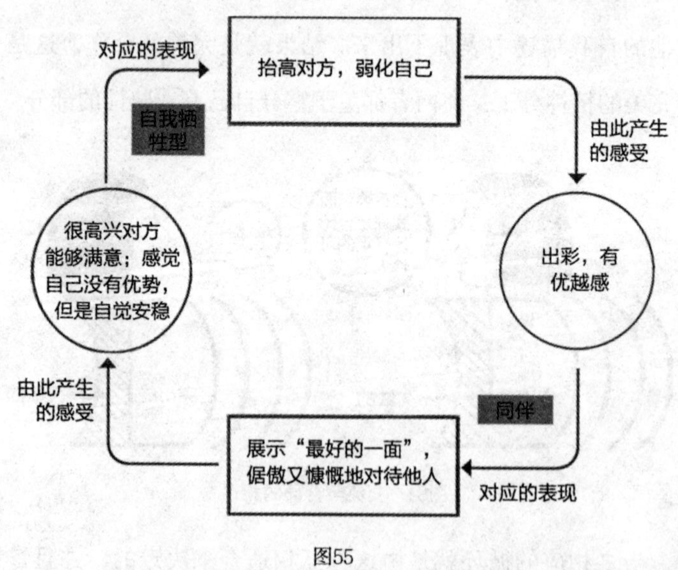

图55

这个保证是如此广泛，并且如此稳定。

但是这种循环也很容易变成一个恶性循环。不知什么时候，自我贬低者的同伴就会对他的自我贬低感到厌烦，他越渴望和一个地位完全平等的人进行真正的交流，这种感觉就会越清晰。相应地，自我贬低者屈尊的行为就会同冷淡的距离联系在一起。但是这样他就会触碰到自我贬低者的弱点：对失败的恐惧驱使他使自己变得更加渺小，做事情更符合他人的心意，自己主动承担更多的东西。

接着他的同伴就会有愧疚感，甚至感到了蔑视和反感。相应地，他表现得也让人反感，并进入那个怀有敌意的趋势中，这个趋势我们在下一节会讲到。别人对他的不断挑剔和批评指责，让自我贬低者发现自己完全没有价值，卑躬屈膝，并以一个殉难者一样的信念忍受所有的卑鄙行为。而让他选择降低自己身份的就是他对道德优越性的意识，他打出这张牌会让其他人获得更多的罪恶感（为什么我对这样友善的好人如此卑鄙并充满恶意呢），但是这也让他们更加轻视和愤怒——这一切都始于像你我这样的两个人——在这种两极分化的背后，有一个无私的天使和一个糟糕的魔鬼，一个宽容的受害者和一个毫无顾忌的罪犯相对而立。

这种恶性循环同图56是一样的，有时候是下意识的，多数情况下伴随着惊人的戏剧性。

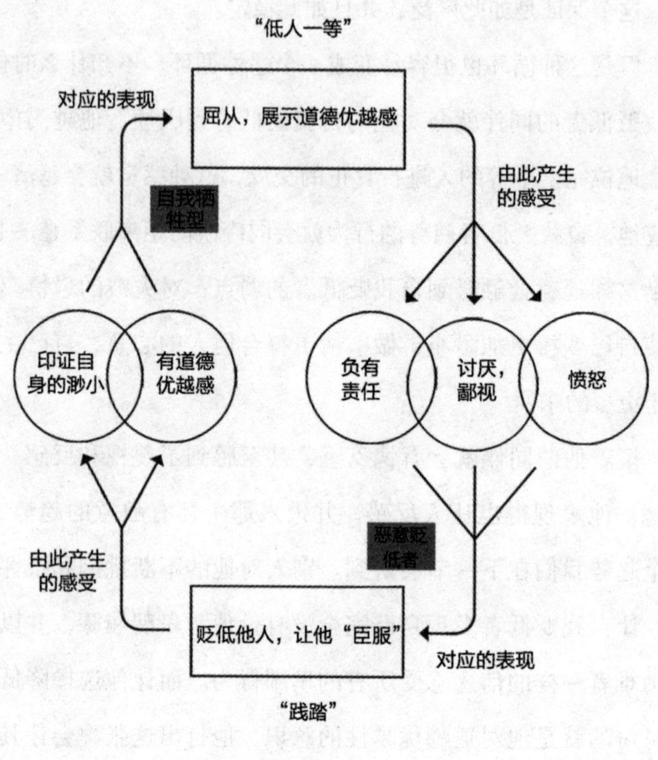

图56

在这里我简单地描述一下这个循环，尽管里面包含了暴力和不幸，但是它仍然会以顽强的方式永久保留。它让局内人把自己看作那个可怜的受害者，而且谴责卑劣的作案者。这在一定程度上是完全合理的，如果作案者的角色——通常像这种情况一样——是由使用其身体的力量威胁或使用武力的男性承担的。谁准备解救被打的女性，就必须考虑到可能会遇到来自双方的很大的阻力。这个女性显然是逆来顺受的，这让施救者感到极大的失望。这种复杂的互相的影响使他们之间的关系得到巩固。尽管对此有了系统的了解，但在实际中，还是要对受害者施以救援，以便将其从毁灭性的力量中解救出来。例如在一个妇女权益保护机构中，对受害者的声援和对犯罪者的道德谴责是完全合理的措施，这种措施不要求掌握两人关系的真相。

3.3 个性发展的方向

如果对话的风格为了简洁地达到理想状态并在极端的形成中表达出来，那么有可能引起心灵的恐惧。但是，在生活中人们有时候会短暂或长久地碰上它们，所以最好是把它弄明白。通常情况下，我们不会遇到纯粹的自我贬低趋势，而是和其他趋势结合在一起，例如决定的或挑衅的。在这里，我要提醒一下，我们并不是在设计人类的个性，而是人类交流方式的类型学，它被认为与某些人格部分有关。所以我们所有人有时会或多或少地进行自我贬低，在极端过分的情况下给人以一种病态的感觉。在适度和某些情况下，这种自我贬低是具有一定有益效果的，它可以体现人性的一些基本要素！这种趋势的积极性在于，通过诉求维度优化个人福祉，个人的存在不仅仅是为了自己的目标，而是在为他人的服务和投入中得到实现的。在心理学大师中，阿尔弗雷德·阿德勒认为：精神健康的人的“生命感”与“集体意识”的发展和克服自我主义的愿望有关。如今威胁我们的是那种一百年前作为“上帝的器皿”还完全理所当然地为他人热心服侍的观念，难道今天在自称“人道”的心理学的带领下丢失了，反而树立了“自我实现为上”的观念吗？

（1）自我主张和奉献精神

这里我们所说的奉献的价值最近变得越来越声名狼藉。卡斯特报告说，多数女性对这个词比较敏感，显然她们觉得过于接近“服从”和“放弃”——以前被培养“我什么都不是，你才是我的上帝”这种意识的女性美德。事实上，这种贬值如果不与自尊（向内）和相应的自我主张（向外）相配合，形成明确的界限和要求，从而使奉献精神成为一个原则性的互相的关系形式，那么“奉献精神”就会受到威胁。

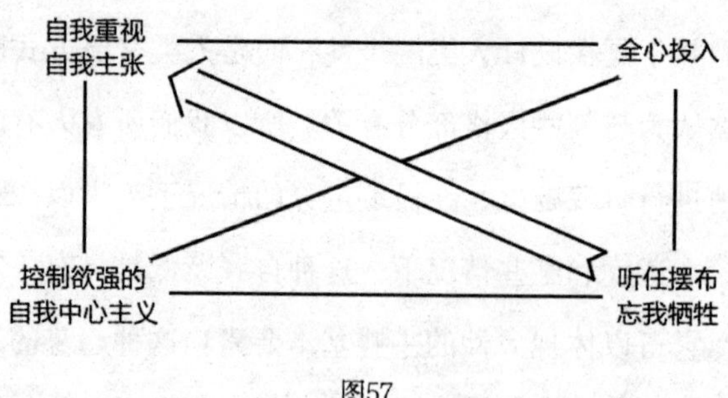

图57

卡斯特说：“自我主张和奉献精神是在互为前提，而绝不是在互相排斥的交往中才成为人类行为必要的主心骨的。能坚持自我、划清界限，把自己的感觉和情感表达出来的人，即使他们是有敌意的或者至少对其他人表现出了敌意，他们都能够奉献、屈服、让自己被利用，和其他人真正地进行交流并认真地对待对方。”

自我主张和奉献精神的失衡很明显也可能在心理上被表现出来，正如贝肯鲍尔在一篇关于女性患有慢性膀胱感染的论文中提出的。这种炎症使得性交变得痛苦，在某些情况下打击了女性的那种自我肯定。与此同时，这种疾病对伴侣的关系形成挑战，也许会通过自我牺牲奉献这种方式使关系达到新的平衡，但这以牺牲健康为代价。

毫无疑问，人文主义心理学强调，自我价值比奉献精神更重要，这似乎是在为以自我为中心辩护。事实上，当自尊与奉献之间的辩证关系消失时，就会有自我发展被“以自我为中心”阻碍的危险。尽管如此，还是有重要的原因强调以自我为中心的一面。下面我说一个心理学和一个政治学的论据。

心理学论据：人与人之间缺乏奉献不是基于人们过高，而是过低的自身价值感。任何怀疑自己价值的人都在内心专注于围绕自我价值的轴心，因此就很难专注于为其他人服务——因为对周围人的关心成为自我提高的精神工具，一种为了获得承认、感谢和道德优越性的手段。但是这种形式的奉献和牺牲掺杂着示威性的纠缠，让受到帮助的人几乎没有机会发展。

出于这个原因，只有通过发达的自身价值感才能达到集体感。这种关系在《圣经》中表示为“爱邻舍如同爱自己”，这句话可以被看成是一个号召，它表达出一个心理学的真理：你爱人的能力要像爱你自己一样。在传统的基督教教育中，无私的美德仍然被强调。

政治学论据：人不是出于自身价值意识而产生的奉献意愿，处于在政治上被滥用于有害和可耻事物的危险之中。科学记者亚瑟·凯斯特勒同时也是政治与心理学之间出色的交叉学者，在分析人类自我毁灭的各种趋势时，他发现了所谓根据种族历史开辟的人类物种的不同的“结构错误”。他在寻找战争和灭绝行为的心理原因时得出结论：“人这一物种遭受的危难不是因为过度的自我主张的侵略，而是过度倾向于自我超越的奉献。”在人类悲剧中，与大量“无害”的人在忘我地投入到民族、国家和世界的改革而产生的人类消灭相比，出于自私的动机和个人敌对行为的力量而导致的个人犯罪微不足道。“群体的自私是以其成员的无私为食的，而这群人的残暴行为依赖于其成员的奉献。”

顺便说一句，传统意义上的“奉献”不仅仅是女性，而且也是男性的美德（或恶习）。男性更少关注家庭，而是关注职业任务或者关注民族、祖国、领导者。比如，诗人海因里希·海涅说：“我才不管女人呢，我才不管孩子呢，我的陛下！我的陛下被俘了！”

显然，男性这种奉献精神的根源与女性的精神根源并没有什么不同，尽管他们的影响更具破坏性。“自由的恐惧”是埃里希·弗洛姆一本书的标题，在这本书里他想要探索法西斯主义的精神基础结构。在人类身上的什么特质会在可怕的（自我）毁灭中被利用呢？他的结果是：顺服权威的性格，通过颂扬整体特征来弥补他自己的虚无和无价值，这不仅可以弥补个人的自卑感，还可以免受对“自由的恐惧”，也就是当人们必须按照自己的标准生活、做决定并对自己负责，而没有“来自上面”的安全指示时，就会产生的可怕遗弃感。法西斯主义的意识形态以一种精妙的方式与这种心理适合：“你什么都不是，你的人民就是一切！”正是在这个权威主义人物结构之下，人们麻醉上瘾并准备投入其中：“元首指挥，我们遵循（并承担后果）！”

尽管如此，在任何情况下，都不应该给人一种印象，即法西斯主义等政治现象可以从个人的心理结构中得到解释，这将忽略真实的历史、政治和经济因素。与此同时，外在因素也反映在人类的精神生活中并发展出了顽强的势头。因此，社会的每一次改革都需要心理发展的工作。

权威主义并没有在自我意识中消失，而是存在于一种非常具体的精神潮流组合中。另外两个重要的模式可以在攻击性贬值和确定性控制趋势中看到。这可以更精确地完善这个主题，解释为什么在整个心理格局中，精神分析和人文心理学仅仅评估人类“奉献的能力”，并且“奉献的能力”只有与发达或待发展的自身价值感联系在一起，才能把它看作一种价值。露丝·科恩以下面这句话开始她对于符合人类伦理学的心理基础主题研究并非偶然：“我很重要！每个人都很重要，无论是黑人、白人，还是黄种人。”

讲完政治方面的奉献问题这种题外话之后，让我们回到人际交往的层面。结合发展良好的自尊，自我贬低的谈话风格的积极之处在于，它为对话者提供了表达和施展的空间。这个空间的特点是：

第一，鼓励说出自己的意见（你觉得怎么样，迈耶先生）。

第二，愿意耐心积极地倾听他人的意见。

第三，确认对方可以按照自己的想法思考和感受，即使他持反对态度。

第四，确定对方想要说什么以及是什么让他感动的。

这就是所有交流模式汇集在一起的体现，罗杰斯将其归结为促进者（促成者），这些模式也被视为团队领导的良好特征。

（2）自我断言：说“我”和“不”

我们在自我贬低趋势的影响下过度发展的美德是谦虚和多思。“你先”是自我牺牲的主要动机，完全否定了自己的需要。

值得再次强调的是，谦虚和多思是人类共有的宝贵财富，并在家庭教育中用来抵消社会达尔文主义的掣肘时发挥了重要作用。但是，如果这些态度与自我主张的程度不匹配，或者这种态度只为自己的利益，那么它们就有可能变得不道德。为什么“不道德”？从心理学的角度来看，针对自己本身时，长久未满足的愿望和压抑自我主张会加重抑郁过程。对于其他人来说，他们会认为你无法亲近，这会导致逃避交流并剥夺所有关系上的新鲜感。

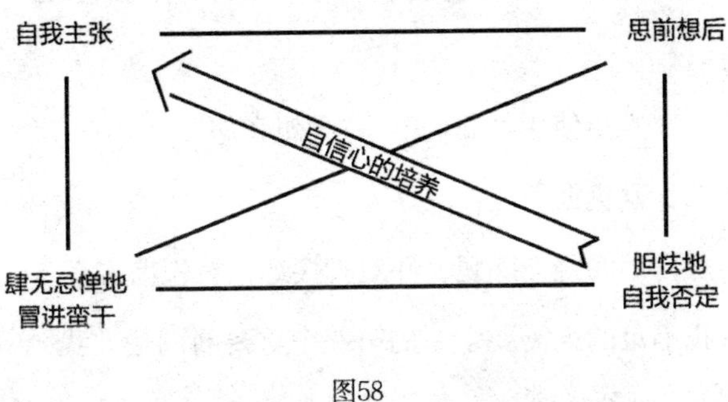

图58

因此，无私者必须学会说出“我”这个词，而不是在私下抱怨周围人的自私和忘恩负义，特别是以下带“我”的话：

我（不）想要。

我（不）想。

我要求。

这种“自信的训练”（社会自我主张的行为训练）对于那些更容易说出“你不用额外为我做什么”这样的无私者来说，是一种剧烈而痛苦的治疗方法。

特别是对于女性来说，这种自我主张课程从几年前就已经越来越多。针对性别的沟通研究表明，即使在工作和公共场合，女性也更有可能比男性倾向于：要表现出在情感上支持对话者的行为；与男性的“重量级”自我描绘相反，女性会贬低或淡化自己。

在加强自我主张的过程中，可以在行为层面尝试三个小的改变：

第一，避免使用“我们能”“我想和您”。

第二，避免倨傲。

第三，不要跷二郎腿，并双脚接地，目视前方。

自我不足的人需要学习的第一个重要的词是“我”，第二个是“不”。对他们来说，没有什么比拒绝别人的要求更令人不安。问题是，这样的一个人能学会说“不”吗？当然，但没有经历深刻的改变是不能学会的。因为每一个“不”都包含使对方生气的风险，并提醒自己与其他人不同的事实，可能与思考、感觉、想要、希望的都不同。格式塔治疗的创始人弗里茨·波尔斯在其著名的“姿势格式塔”中特别提到了他看到的自我贬低现象：“我是你，我在这个世界上，是为了变成你想要我成为的样子。”

深入研究自己的恐惧是一个痛苦和解放的课程，美国人加纳推荐了一种“易于学习的技巧”，即如何拒绝那些想要从别人那里得到不现实的东西的人。假设一位好朋友急切地要求你为他拿到签名，但是你不想。他在这个时候就会提出强有力的论据：这对我非常重要。此时你应该：

第一，认同你认为正确的事情。（例如，我认为真的对你很重要，我也认为这样做很好！）

第二，说清楚你不想要，可能的话陈述你的理由。（我不想在那里代表你，这对我来说有些过了！）

也许你（像我一样）对这种机械行为建议有一种不好的感觉，这是否真的是一种理想的拒绝方式，尽管如此，在形成一种新行为的路上，这种非常具体的行为模式可以很好地帮助你。如果有人确切地知道他（不）想要什么，但却难以以适当的形式表达出来，那么这个方法尤其适用这种情况。

但通常我们只想着无私，并不确切地知道我们想要什么以及我们不想要什么。在无私的人可以说“我”之前，他必须先感受到“我”！由于他自己不知道自己想要什么，所以他遵循他人所谓的愿望，并将他们与自己的意愿混为一谈。如果有人在开始之前问无私者：“我应该来找你还是你来找我？”他也许会回答：“哦，我无所谓。你想怎么样？”但如果对方坚持要他做出决定，他将说："那我来找你！"

当自己和别人的愿望奇怪地混合时，就涉及一种新的"融合"，正如我们已经在帮助趋势中的痛苦和同情方面已经知道的那样，原本两人之间有明确界限的地方会渐渐变得模糊。

和你的伴侣一起练习"主人和仆人"模式：与伴侣在一段时间内，例如一小时或半天，做出以下约定："在上半场你是主人我是仆人，也就是说，一切都只根据你的意愿，在下半场则相反。"

一个自我牺牲者将享受他的半场"服务"，在尴尬和无助中扮演着自己的角色。而如果他是一个老奸巨猾的自我，他将很快"命令"他的仆人。但有一个重要的前提：它是有意识地进行。

（3）攻击和斗志

自我主张和划界自我包括冲突和攻击的能力。这为进一步的发展划定了方向。由于自我牺牲者的"内部"接管了谈话中的协调部分，他被迫"处置他的愤怒和蔑视"。自我通常会转化为抑郁症，自我牺牲者会成功地将对外攻击变为自我指责。一位患有抑郁症的母亲说："我做错了什么，我的儿子不怎么虔诚，现在甚至离开了教堂？"我们不仅能感到抑郁，而且还感受到这种叹息的攻击性内容。"肇事者"如果听到这种自我指责，将无法摆脱内疚感。

总的来说，在持续失望的情况下，无私者是非常可能变成“抑郁的攻击者”的，无论是以责备形式还是以引发内疚的方式出现。用拳头打在桌上，忘我地投入到自己的事业，这些都是用来释放潜伏在忧郁背后的愤怒。巴赫的书籍和培训方法旨在为这一发展提供解决的方法。

在相应的价值观和发展方面，自我牺牲者必须训练“斗争”，即对抗接受，以及拒绝和冲突的能力。

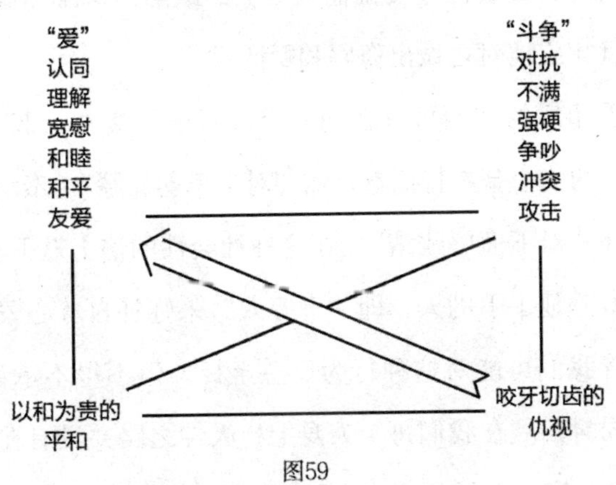

图59

这里描述的发展方向还包含了在交流层面上说“你”的能力，也就是在沟通心理学文献中经常被定义为建构性方法的行为。戈登1972年在《互相交谈》的第一卷中表达了这一观点。

第四节　野蛮贬低型

从某种意义上说，现在要讲的风格与此前那种风格形成了对照。如果自我牺牲型表现为“自上而下”关系层面上的服从，那么野蛮贬低型的举动就是“自下而上”的。在自我牺牲趋势的“善意”中，如果我们倾向于美化对方并承认他的权威性，那我们就会在野蛮贬低型的“敌意”趋势中被一种魔力所虏获，这种力量会注重发掘他人身上的缺陷，卑鄙和低劣的方面，并且相应地对之做出侮辱和贬低。

似乎相反的东西可以在同一个人身上汇集在一起。比如，独裁分子的一个基本特征就是他“对上卑躬屈膝”（奉承有权贵的人）和“对下侮辱践踏”。在这种社会性的谄上欺下态度中，他通过羞辱他手下的人，即“下等人”来弥补自尊心蒙受的伤害。尽管我们可能对这种行为反感至极，但不得不承认的是，好与坏同时蕴藏在我们每个人身上！人性之路并没有在白人的西方世界走完，而是要求接纳和整合那些不受喜欢的自我部分。否则，这些“讨厌的”部分就会有从主体中分崩离析的危险，甚至还会义愤填膺地发现这些部分在他人那里得以重现！野蛮贬低的趋势又让我们获得了隐蔽的捷径，而它也许就隐藏在伪君子自以为是的伪装之中。

因此，让我们以自我审查的立场来探究以下趋势，这切合八种沟通类型的实际应用目的。

4.1 表现形式、基本信息和心理背景

如果我们被这种怀有敌意的思想所占据，就会若有若无地乐于使对方遭遇一些使他们显得卑微、无用或负有过失的事情。勃然大怒的我们会气愤地将对方的错误行为和低劣特质公布于众，对他进行谴责、控诉、羞辱，并且被“这是他罪有应得”的信念所左右。更夸张的是，如果有那么一个人对他极为仁慈宽容，甚至是“打心底里”的那种好，但只要这个人有了一丁点儿的过失，他便会立即利用这一点，开始无耻地反唇相讥。也就是说，必须要通过某种手段牵制他人，如果那样行不通的话，他就会将他的战斗部队从容不迫地集中起来，对其展开歼灭行动！

图60 恶意贬低型的基本姿态（责备指责）

这种风格对应于维吉尼亚·萨提亚提出的“控诉”概念，指责和贬低是它的基本形式。

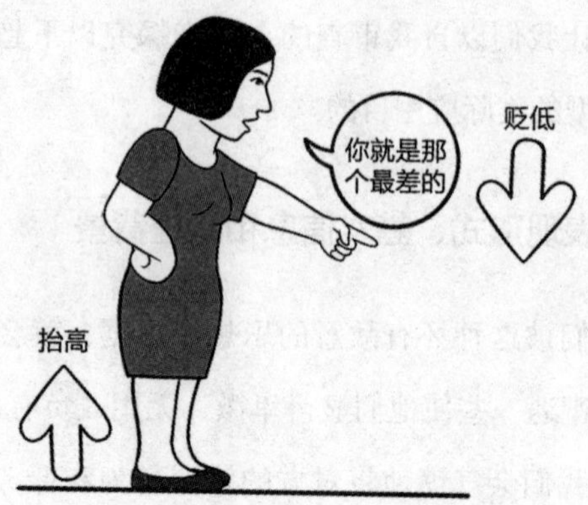

图61　恶意贬低型的基本姿态（贬低轻视）

这种沟通形式包含了对优势和不可侵犯性的自我表现（谁也不能把我怎么样），一种从原则上的贬低型关系信息和“使人屈服”的诉求：

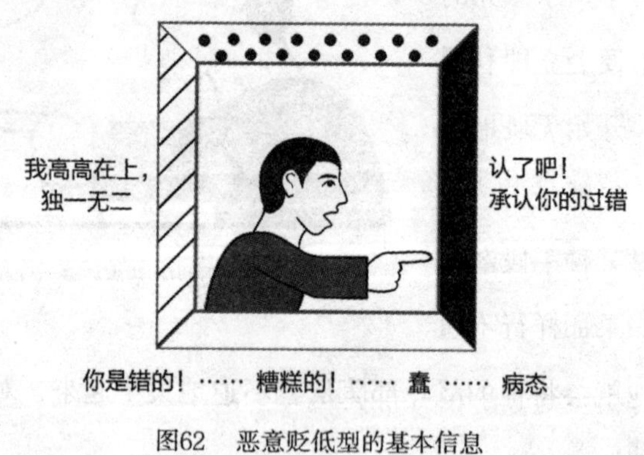

图62　恶意贬低型的基本信息

敌视他人者与自我牺牲者共同拥有的猜疑的“关系耳朵”随时会觉察到敌人的存在。每个身边的人都可能会被怀疑，连某个特定群体也会时不时地成为他们的怀疑对象。偶尔，猜疑的“关系耳朵”针对的是这样的一些人——让当事人对旧日生活中经受的伤痛觉得似曾相识的一些人。一名学生写道：

> 我见过很多与我父母相似的人，我猜他们对我和我对他们的感觉一样，横竖都是看不惯对方的。从一开始，我就以激进的掩饰态度面对他们，以此来表示他们是不可能伤害到我的，因为不管怎样，我都不会喜欢他们。当然，我并没有验证这些幻想是否真实，因为是我自己故意挑起了预期的行为。

外表上看起来如此激进、恶毒，理应受到蔑视和批判的人，却有着极为脆弱和绝望的内心，俗话说得好，“硬壳一软核”。例子中的小孩可能遭受了严重的轻视、羞辱，也可能是殴打。这里缺乏的是积极和平等共处的基本经验（我和你之间是不会有问题的），从父母的沟通角度来看也是一样的，取而代之的是“我或你”的生活等式，所有这些经历都被浓缩成了心灵公理：

> 我不行，我把一切都搞砸了。哎呀！被人发现了！我要被无情地鄙视了！

自卑感主要与对受到“贬低”及陷入劣势或边缘化趋势的恐惧相关。自我牺牲者蜷缩在与之类似的原生经历中，并试图将不利变为有利，然而与此同时，野蛮贬低型则预防性地采取了以彼之道还施彼身的行为方式，并将高高在上的自我存在看作性命攸关的问题。阿尔弗雷德·阿德勒所言的那种“贬低趋势”源于以居高临下地打压他人来提升自我价值感的企图，这一企图带有对内对外的双重目标，即对外，将恐吓和征服对方作为预防措施，以此抵消对方对自己产生威胁的那种感觉；对内，回避那种卑微软弱到束手无策又非常不堪一击的滋味。这些感觉与痛苦的回忆联系得如此紧密，人们是绝对！永远！永远！都不想再经历这些痛苦的。

在残忍的暴行发生之后，公众大为吃惊地了解到，当受害者被羞辱殴打至无还手之力，只剩下可怜地呜咽和乞求的那一刻，这通常不会唤起犯罪者产生那种像动物界中面对劣等生物的谦顺时所残留的怜悯之心。恰恰相反，这种“呜咽的悲惨模样”只会激发作恶者的进一步致命打击。显然，在那一秒钟，他在潜意识中想起了他自己楚楚可怜的时候，他是那样鄙视这副模样，于是想要对之付之一炬。

从敌对趋势到残忍的暴力行为，两者之间还有很多心理障碍的路要走。尽管，在许多情况下，对他人的蔑视态度以及对于自己所经受的所有虐待，一定要让他人付出代价的报复心理，很可能是一种精神暴力的前身（参考下面的事例）。

对手：现在你也该说一下，事情要怎么完成？

领导（模仿他）：现在你也该说一下……我该怎么说？我什么都不用做，你明白了吗？

对手：我的意思是，我们不能再在这里你一句我一句地闲扯了。

领导（打断他）：谁在这里闲扯了？就你一直在这里喋喋不休的！

对手（采取防守姿态）：好，对这事，我什么也不再说了！

领导（惊讶）：哦，你什么都不说了？在这种危急时刻，你这么快就夹起尾巴了（因为惧怕而不再坚持自己的意见）？

对手（再次尝试坚持，开玩笑）：是啊！到现在我也没看到尾巴呢（隐藏含义“连一个意见都没见到”，同时微笑着看了一圈在场的人）！

领导：啊，你当自己是个小丑吧？还挺有意思的，不是吗？再开个玩笑吧，我倒很乐意听呢！

对手笑得有些勉强。

领导：看，他笑了，希望你多这样笑笑！（其他人笑）你家人可能不让你这么笑呢，是吧？

对手（屈服）：行了，别说了，约尔格！

领导：嗯，朋友们，他闲扯完了，那么现在我们开始讨论了。

根据对话者的“级别”高低，野蛮贬低者保障优势的技巧会有微妙的不同，根据情境特点，这一技巧也会不同程度地失效，但是会遵循以下套路：

第一，主要通过“自我表达耳朵”听出他人此刻想要表达的内容。（你刚才所说的话，是想说明关于你自己的什么内容？）

第二，凭借魔鬼般的辨识度从这些自我宣示中过滤出某些可以被用来做文章的方面。

第三，做文章的方式如下：从充足的可能性标尺（规范）中挑选出某种可以用来做文章的内容，然后把它应用于对对方自我宣告的衡量中，使他在这种情况下显得更加糟糕。

第四，以这种方式识别出“亏空”，即秘密设定的标准值与查明的实际值之间的差异，就会受到他人的评论和“指责”。

第五，指责这出戏的上演最为机智，它很少涉及自己这边的自我宣示（因为对手可能会以此为矛，攻子之盾），通常都是通过反讽或是提问题的方法实现。从沟通心理学角度来看，提问的特点在于提问者几乎不必自我揭露，而这却是受访者所需要完成的。越是拒绝回答，就越为下次的故意找碴儿积累素材。

第六，即使对手想要尝试退出比赛，也仍然会处于下风。例如，即使他不答话了，可也要对此回应。（“嗯，你对此无话可说了！”“今天是什么让你变得如此沉默了？”）如果对手提出问题，就会被指责：“我发现了，你不想（无法）回答我的问题，这些问题让你这么不舒服吗？”

如果对方使问题在内容方面变得棘手，那就需要立即转换层面。例如，特别有效的是肢体语言层面上的转换，例如：

你为什么突然这么大声？

但你也没有必要脸红啊！

你就这么站着吗，一直就这么把手放在口袋里？

在上面的例子中，夸张地模仿对方的语调就是往这个层面上调整的举措。

第七，如果他人通过一种对抗手段使气氛变得危险，那就讽刺性地把对方称为“勇士”，并煽动他表演更多这样的行为。比如领导用这种方式要求他的对手再讲一些笑话，通过这种荒唐的方式，他又一次占了优势。

这个事例一方面有助于我们对“我们何时使用这些手段以及我们为何需要这些手段”这个问题展开调查。另一方面，它也可以帮助处于受害者角色中的人看穿这些圈套并不再听任它们的摆布。

男性对女性也会用到一些取胜的技巧，这在职场中十分常见，它常被用于恐吓和扼杀不受欢迎的竞争对手们。女性似乎尤其会在男性同事和上司那里遭遇到这种情况。她们是被侮辱、叫骂或是嘲笑了吗？男性真的就这么肆无忌惮吗？当然不会，贬低通常都是以一种不易觉察的方式悄然进行的，但它们却会造成严重的影响：

第一，打断对话。例如，女性："我们是不是应该好好考虑一下明年的储备？那样我们就可以……"男性打断："就是说，我们首要的事情应该是在预算计划中重视……"这里的打断不带有任何"贬义词"。这里隐含的意思是："你的发言不值得我听到最后，自然没有重视和讨论的必要！"

第二，与倾诉者的眼神接触。当他们带着厌烦的神情看着文件，甚至用这种神情看着对方时，他们就会发出具有同样特点的信息。然而，人们必须考虑到，男性一般来讲确实很少注视谈话对象。

第三，对沟通的无共鸣忽略。不管是积极方面还是消极方面，忽略对方所说的内容。这种视他人为无物的方式很大程度上是具有侵略性和贬低意味的。但是，因为压根儿"不会流出一滴鲜血"，所以通常人们都对这一方式司空见惯。一旦有一位女性对它提出异议的话，紧接着暗地里就会出现下一次贬低：“我们的这位女士也太敏感了，她把所有事都看成了对她的人身攻击，然而不过是就事论事罢了！”

男性会在不经意的举手投足间使用这些藏有攻击性的取胜技巧，女性怎么做才能抵御这些取胜技巧呢？鉴于男性工作者一贯被赋予的优势，个别女性的发展前景可能会有一定的限制。即使如此，她也可以通过机智和果敢来避免发生最不利的情况，比如，通过以下几种方式：

第一，做好内心防范。内心防范，即在某些时候减少自己的渗透性，以便将某些渗入过深以及产生伤害的部分反弹出去。这可以通过会议开始前的自我暗示来完成，如女性可以采用以下话语来说服自己：“就是会有这样的人想要打断我的话，忽视我的存在或在暗中记恨我！这个现象根本与我无关，它反而反映出一种传统，即男性如何打交道，尤其是男性如何与女性打交道的传统。这并不意味我的表现不够好，贡献毫无价值，自身存在也无足轻重，事实也许恰恰相反。现在我将置身其中，对最坏的情况做出预判，使自己免受其扰！”

第二，不让自己被打断。例如，明确地说：“能允许我把这个说完吗，穆斯特先生！”然后继续补充道：“毕竟，我也让你把话说完了。”如果合适的话，最好用下面的话代替：“我还想和您说一下，我对刚才提出的想法这么上心的原因，就是说……”

第三，在没有获得任何响应的时候，坚持做出基于事情本身的反应。在这个过程中，通常来说以事实层面为出发点是明智的，即不是“都不对我的建议发表看法，又是这种典型做派”，而是“我还不大清楚，你对我这个来年节省开支的提议持什么看法。特别是您，穆斯特先生，您是经理，我特别想听听您的意见”。

对于高级层次的改变（我曾想摆脱一些东西，在这个行业里我经常觉得自己不受重视，简直就是不受待见，然后经常独自坐在那里），一定要存在有利征兆。危险存在于这些因循守旧的观念中：女性=感觉=敏感的=感情用事的。

然而，给出普遍适用的建议并不是那么容易的事情。我在这儿只敢说是给人们指了一个可能的方向，即在每个个案中，要根据不同女性和具体情况制订相对应的策略。

在社会生活的其他领域，人际交往也受到了野蛮贬低型的很大影响，特别是在教育方面。莱因哈德和安玛丽·陶施在家庭和课堂中进行的研究显示，即使在今天，仍有成千上万的儿童正在受到指责、嘲讽、羞辱和诽谤。

与此同时，我们从精神分析学的研究中得知，这种想将孩子培养成一个大方得体的人的良好教育意图，其实不过是一个易于识破的借口。也就是说，它是一种对对抗力量的掩饰，成年人满怀着的这种意愿往往是把儿童当成目标对象，而这首先是因为他们毫无抵抗能力，其次也因成年人先前被压制的那些感受和行为方式，如今在对孩子的指责和控制中找到了可以毫无保留地发泄出来的机会。

人们应该尊重自己的孩子，不要用言语和行为使他们的尊严受到伤害。这样的观点在这里对孩子并没有什么大的帮助，反而会使父母和老师感到亏心。对孩子们来说，这种由敌意与内疚混合而成的情绪不会带来什么好处。我们有必要了解一下父母身处的那种并不逊于孩子们的困境。对存在自我贬低的人予以善意的评价比批判的谴责更为紧迫。

在一个家庭治疗中，有人听说了这么一件事：在森林里，父亲因为无关紧要的理由，像是要执行什么特殊任务一样，把他两岁的儿子带到了灌木丛后面，而事实上他要在那里用棍棒狠狠地打他儿子。听过这件事的人，会因面对着这样一个具象化的恶人而感到毛骨悚然。除此之外，还有人曾亲身体验过，这样的父亲在自己的家庭中看起来是多么的悲惨孤独，也在一旁亲眼看到过，这样的父亲是如何被妻子和孩子之间隐约存在的那种心心相印感隔绝在外，他又是如何为了不让自己动摇，一次次地把圣诞节的那种充满爱的互动氛围“即刻”摧毁。受害者背后还有一个恶魔，这个恶魔不知所措地在受害者与加害者身份的往复中犹豫不决。人们由此认识到，道德谴责是如何就这样错过了事情的实质。

4.2 体系循环

在沟通时，若有其他参与者存在，野蛮贬低趋势通常会受到抑制，或者使这个趋势“升温”——要么两者兼而有之。而这取决于恶性循环的升级是对称式还是互补式。

在“自我牺牲型”那部分，我们已经知道了互补循环，在这里它不一定会再次生效了。从系统的角度来说，处于劣势的受害者是以什么方式轻声地“弹响了钢琴的黑键”？也就是说，他是怎么以潜意识的方式向敌对的指控者暗示事情还没完呢？毕竟，以无声忍耐的形式面对蔑视就和心直口快地大声辱骂一样。

对称①的恶性循环建立在贬低和指责相互关系的基础上，这通常会导致“暴力升级”，可能使沟通更容易向暴力伤害过渡。

同样，典型的恶性循环现象是两个对手都将对方视为侵略者，而将自己看作实在忍无可忍出于自卫而抵抗的那个人。当面对相互指责和伤害的破坏性后果时，人们想对两人大喊：“你们还是和好吧！你们非要这么一直吵下去吗？”由此很容易就忘了他们两个之间存在什么问题，或者他们只是太心直口快了，所以需要在更为温和体贴的对话中进行一种行为训练。

① 对称是以完全相同的方式做出反应，与互补形式相反，在其反应中会给出适当的补充（例如，专横和顺从）。

当然也存在这种可能，他们不懈的斗争精神和难解难分反而表明了二人在共同努力做到精神方面的“志同道合”。

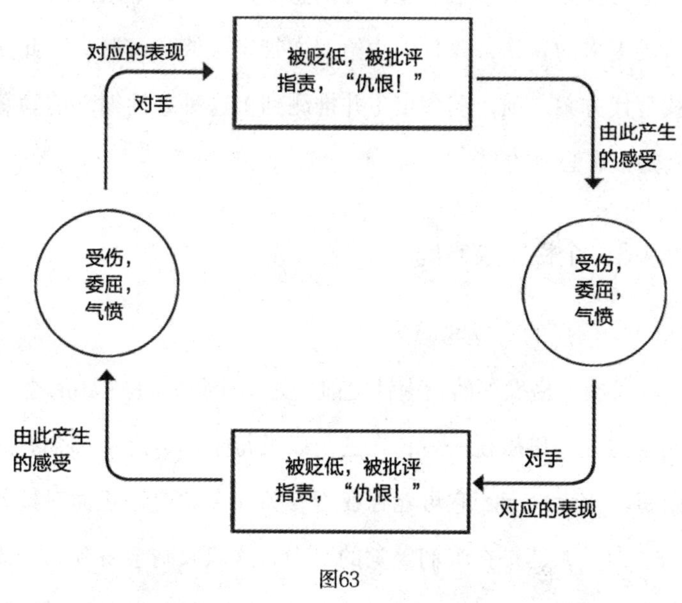

图63

心理分析师根据当前冲突结构，以及与基本关系之间的关联，做出如下假设：渴望再次（强制重现）挑起那场旧时未得出胜负的斗争（例如与父亲、母亲、兄弟姐妹）的希望会变得格外明显，无论从特点上来看是否与之相符。因此，一个人给予另一人的贬低和指责，仿佛就成了人们等待的精神“素材”，甚至还为了某些目的而渴望得到它，即为使自己最终能变得自信，也为了弥补自己过去的失败或默默忍受的痛苦。而中立的第三方需要重点了解的是，即使试图对出现的争议进行调解式干预，也不会因此见到多少成效或收到多少感谢，有时还会遭遇一些池鱼之殃。如上所述，与治愈旧伤相比，不断挑起争端会造成更多的新伤，并且无法给双方带来最终的解脱。因此在寻找替代方案之前，洞察出（并推测到）这种恶性循环的隐藏含义是很有必要的。

4.3 个性发展方向

（1）信息的对立与修复

在校准人格发展的指南针之前，先要让我们对“无价之宝”的洞察力变得再敏锐一些，在这个以及每个趋势之中都会有这种财富。毫无疑问，它可能存在于有关冲突意愿和正面对抗能力的方面，尤其是在人们警觉的眼中。这双眼睛会看到一个人用他的漠不关心、狭隘和对他人所苛求的一切。愤恨、怀疑，加上看不惯所有事情和“向他人示威”的能力，有时候相对于一视同仁地理解和原谅一切，并因此而受到轻视的自我牺牲倾向更好一些。假设吵得一塌糊涂的情况发生在有承载能力的关系之中，有时一通愤怒的训斥不会比早早地让步、建设性的温顺更有益，也就是说，我们不必为这个过早的建设性付出代价，不要让那种冲突像是迟迟不愈的疾病一样在我们的情绪中长久留存。至少在解决分歧和对立的时候，任何对话都会多少放点儿争吵来调味。

现在我们来看难点。人文沟通心理学已经正确地抨击了野蛮贬低型，莱因哈德和安玛丽·陶施指出，儿童、学生、下属以及法庭上的被告都受到了长期的轻视。托马斯·戈登在他的“家庭会议”中描述了“十二典型”（其中包括指控、轻视、高高在上的教导）和不良的心理后果。

这就是为什么我们建议，以外部惩罚[①]形式伸出“你—信息”的手指应指向我们自己，并在完成自我澄清任务之后对“我—信息”进行陈述，另外，其中应该包含诚实的自我表达，而不是对对方的指责。通过这个方式，虽然现在有了摆脱敌对和消极信息的可能，也免除了“你—信息”的伤害性刺激，然而似乎还是出现了无法解决的问题，即诚实与可接受性结合到了一起。

另外，自我体验的基本态度（这与我有什么关系，我参与到这个时期的哪个部分了）与“我—信息”有着千丝万缕的联系，这种基本态度最终会不会对人性的理想做出让步？

对此，许多人开始研究人文沟通心理学，在一个研究项目中，我们对学员经历进行了评估。以下认识导致了一种“我—信息”的修复，即至少是就某些个人和情境关系而言的修复。

---

① 外部惩罚意即针对外界的责罚。与之相对的是内部惩罚（自我责罚），即寻求自己身上的罪责。

第一个认识是，每个自我信息都以对自身情况的清楚了解作为前提。但是在情绪复杂的时刻，许多人只能非常少地了解到他们的内心世界。这容易陷入一场“你—信息”的澄清争论中，但是可能会成为通往内心发生事件的理想之路。一位三十岁的父亲写道：

过去，我总是对自己生气，觉得自己像是一个失败者，因为在日常生活中我做不到在沟通心理学中所读到的那种东西。有时,我会“勉强”自己做出一条“我—信息”，然后一定会查明这条信息是极其不和谐的。与此同时，我已经让自己了解到，我需要感受到一个“我”，以便我能说出“我”来，只是这个“我”深理在我体内，反而使得我的许多“你—信息”变得十分充足。

在这种意义上，将行为与自己目前的意识状态相对应，并不对其他任何事做出预设是比较合理的。因此，我们的培训课程早已偏离了在行为上对“我—信息”发送的练习。相反，我们的练习可以用来使上面那种迷失了的“自我知觉”逐渐产生并变得更加准确。对于对话内在条件的扩展比对话行为更为重要，因为清楚的谈话是以自我澄清为先决条件的。

第二个认识来自之前的等式：“我—信息”=诚实=良好个性的标志=足够的，“你—信息”=表面=保守的个性=不足的，至少在这种笼统形式中是如此。攻击性内容可以通过“你—信息”被更清晰地传达，许多经验报告都传达出了这一点。

有时候我会问自己，例如，在发生争吵时我是不是没有足够努力地在自身上寻找那些引发冲突的部分。有时候我不会让任何像愤怒这样的本能反应进入心理层面。

根据我的经验，有时候我收到的明确的“你—信息”其实要比完美的“我—信息”更好。比方说：有的时候，在约会的最后一刻出现或甚至于迟到就是我的一个弱点。

我的一个朋友通常会在感觉气愤的时候，在强大的“你—信息”中发泄她的愤怒，而即便如此我仍然会处理得很好。她的愤怒发泄了出来，我很清楚她生气了，这不会对我们之间的关系造成影响。

另一位熟人是一位受过良好心理教育的老师，有着出色的“我—信息”表达，这使我觉得糟糕透了。她告诉我，她是如何忍受了我的迟到，而且这引起的肯定是她阴暗的一面，等等。这时所有的可能性都显露了出来，单单没有她的愤怒。导致在我的印象里，我就是一个非常坏的人，一个给她带来这种感受的人。之后，我的身上出现了愤怒这一标志，可能真就和她看出来的一样。

愤怒时的“你—信息”会变得更加明显、直接，同时也使对话者有了更好的机会来做出反应。而在“我—信息”的愤怒变得模糊不清的时候，则会滋生出细微的负罪感，这使对话者无法正常为自己进行辩护。

尤其女性会对自我部分的攻击性和缓和态度提出保留意见，这也许并非巧合。一个课程参与者如此写道：

> 人文心理学希望加强人们的“内在耳朵”功能。这在女性那里到底会是什么样子的呢？她们本就是那种善于在自己那里寻找过失的人，并且在原因研究中过少涉及他们的（男性）人际环境。然而，他们也常常没有良好的“内在耳朵”，很难发觉出自己真正的感受和愿望……很多女性一定要教给男性这种“内在耳朵”功能，更需要被教授的还有“你—椅子”①。

另一个参与者用简洁的公式说明：

> 我体内的乖女孩会以提出“这跟我有什么关系”之类的问题来避免自己的愤怒。

① 这是指第168页的椅子B练习。

这会由此陷入争吵、不和谐和孤独的风险之中。心理学家对这个问题的意见并不完全一致。巴赫和怀登一方面将心理健康和成熟的亲密关系的重要意义归因于可承受愤怒的抨击程度，而另一方面则反对侵略性冲动，因为有迹象表明易怒者无法同自己和平相处。从这个观点来看，上一个引文中提到的建议是将出现的侵略性作为一种自我探索的信号："眼下我心里没办法忍受的是什么事情？"换句话说："如果你感到不安，然后看一下（听你自己）这件事与你自己有什么关系！"戈登在他的"家庭会议"中认为，每一个愤怒的"你—信息"可能都是一种"被衍生出来的情绪"，其背后存在着一种未被表达的原始情感。例如：孩子在餐厅表现得很顽皮。父母通常的主要感受是尴尬；次要感觉是愤怒："别表现得像一个两岁小孩儿似的！"戈登的课程会帮助父母理解原始情感和次生情感之间的差异，其目的是倾听内心的原始感受并将此用"我—信息"表达出来。

在我们的培训进行到深入了解的过程中，父母们学习到，如果他们经常通过愤怒的"你—信息"发泄情绪，那最好的做法就是站在一个镜子面前问自己："我心里是怎么想的？""我的哪些需求被孩子的行为所威胁？""我自己的原始感受是什么？"

我认为这是一个进步，而且几乎是教育心理学的"突破性转折"，即为教育者提供对自我体验的指导，而不是一种应付儿童的方案，因此我也同意整个方法的基本倾向。即便如此，我还想在这里提出怀疑：愤怒和侵略性是否始终是“第二类情绪”；相反，如果我能够发现并表达出第一类情绪的背后情绪，是否这也始终会是个人成熟的标志。当然，侵略性冲动始终存在内在原因：我感觉受到伤害，被忽视、限制和利用或与之类似的其他恶意对待。对这种触发原始伤痛的愤怒可能作为直接后果被看作“第二类情绪”。但是，由此就得出这时的冲动是次要的以及这些冲动的表达不亚于精神错乱的推断，在我看来是错误的。当然，随着时间的推移，对一切在习惯、秩序和规范上的观念相矛盾的事情，我已经能够学会不直接动怒。这种容忍异已者范围的扩大，是个性成熟的标志。

从这个意义上讲，也许我能更变通地看待自己对孩子在餐厅中得体行为的期望，以后如果看到孩子在邻桌客人的腿间爬行，我可能仍会感觉到一丝尴尬，但仅此而已，一定不会再大发雷霆了。而且现在我的情绪已经发生了变化！是否可以通过一个概念性的行为（用尴尬的“我—信息”取代愤怒的“你—信息”）来认识这种由内在变化过程实现的情绪变化，对这个问题我持怀疑态度，特别是在两人处于严重冲突时，我觉得这个方法是不可取的。谈到急剧冲突，我对此看到了两个阶段的对抗：

阶段一：急性发作阶段。受到直接影响，也是情绪出现的时间段。

阶段二：后处理阶段。当爆发的情绪已经稳定下来后的时间段，这个后期阶段可能会在情绪爆发后立即出现，也或许会在几小时、几天甚至几周后才发生。

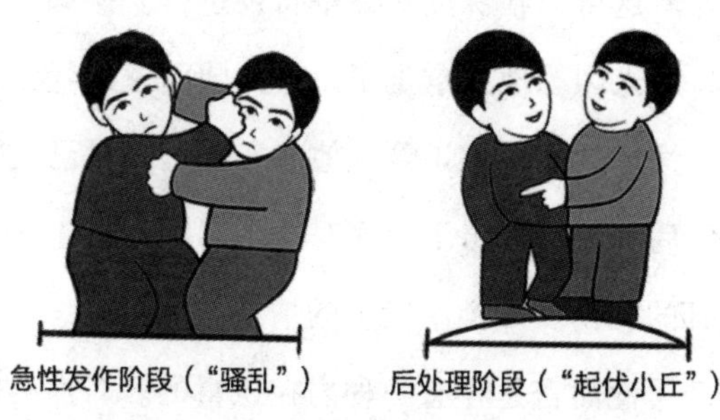

图64　争吵的两个阶段

这两个阶段都有其存在的道理。有些夫妇会在第二阶段遇到困难（之后再也没有谈过它），也许他们是将情感方面未完成的事作为永久的包袱背到了身上，由此令伴侣关系承受了很大的负担，还可能出现无法真正理解自身情况的危险。雷雨可以清洗污垢，但并不能彻底清除。另外，有的伴侣倾向于跳过第一阶段并立即开始处理尚未完全爆发的东西。这些伴侣通常都从心理学里学到了一些有价值的东西，但是把它用在了错误的地方。

在我看来，人文心理学推荐的方案，即对“潜在”自身状态的表达来取代外在愤怒的“你—信息”，似乎是一种对美好理想的沉湎，只不过它并不符合人们心理层面的次序。没错，人是一种心理层面的生物：一些愤怒的“背后”是深度痛苦、悲伤和对认可的渴望。就如每个心理治疗师都知道的那样，在一些悲伤“背后”隐藏着相当多的愤怒。

治疗过程的一个重要部分就是用体谅和耐心，逐层去除情绪化的工作。这可以在深度对话中自发进行。例如，在一个集体宿舍里，有人因为他人拿走了所有火腿而感到气愤。在激烈的对抗中，愤怒的男性意识到，他其实是担心自己无时无刻不在吃亏。然后他流下了眼泪，面对这个问题的真正关键是他体会到了往日的悲伤。冲突中发生的情绪次序（愤怒、恐惧、悲伤）对这个男性而言是存有一种内在逻辑的。对愤怒的知觉和表达才能使以下成为可能，即一个“建设性的”初期反应不会使潜在的冲突爆发或只会触及表层——从而使对“贪婪利己者”的愤怒得以保留。

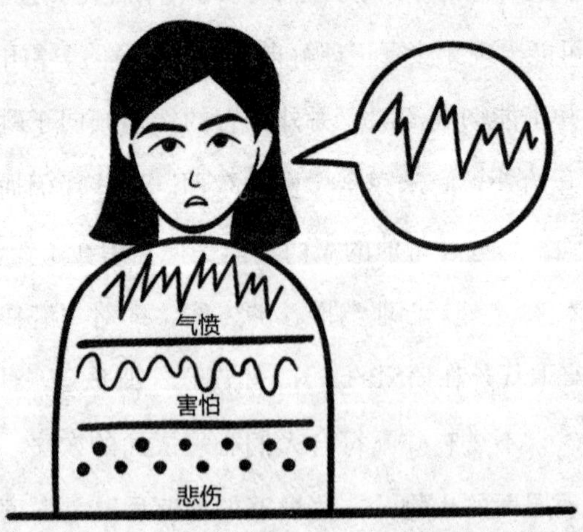

图65　人是感情上的视觉动物：在话语气泡中能够清楚表现各个占上风的感知特性

但所有这些都不应被理解为，人类会在自己的表达中受到其情感和情感分层结构的控制。许多情况，特别是在工作语境中，更需要的是一种沟通上的谈话技巧，这种技巧必须服务于核心事件的进展，而个人的情绪状况并不是这里的首要问题。因此，将自己的心理状态置之不顾，在这里被视为一种值得追求的优越。颇为有益的是，不去放任那种本能愤怒的发泄，而是通过“我—信息”的方式传达客观内容，可以避免可能会造成的关系伤害。

员工将通知函的样板交给了所有部门负责人，主管对这种“马虎”工作很生气。版本A：“也许你应该和你们的实验室技术人员商量一下，天啊，又是这样！你一定要自己在这里把所有事情做完吗？”这里员工会觉得自己毫无价值，以至于他就只能带着一颗忐忑的心、颤抖的膝盖和汗涔涔的拳头来到老板跟前，并在恭顺的自卑、汹涌的冲动和假意的冷漠之间犹豫不决。几乎总是还没等上司缓过神来，他就已经将某些东西嵌入了“旧时的缺口”。在这样的情境中，先前受到侮辱和蔑视的经历被唤起，使得内心备受打击。对于主管，最重要的是要知道，此种心理过程不会因为“你别太过敏感了”这样的好心劝诫而就此失效。它的表现像是猫毛一般使人过敏，虽然在开始时需要一簇猫毛才会刺激到黏膜，但到了最后，很可能一根猫毛就足以引发眼睛发炎和哮喘发作。因此，领导应该学着将他们的不满具体化，例如，通过版本B：“我担心的是，你的一些语言表述会让收件人觉得自己没来由地受到了怠慢。”

然而，这也可能有不好的一面，即处于该案例中的主管没有掩饰他的侵略性，同时也将对员工的某种抵触情绪保留了下来。幸运的情况是关系到目前已经取得了很大进展，关系基础在偶尔发脾气时还可以保持正常地运作。根据我的经验，即使是在工作领域中，也绝不是总在盛装下进行共情对话式的得体交谈，而且从中也不是总能得到有建设性的东西。在发生争吵的时刻（第一阶段），暂时打破有关会话的一切规则，可能是大有裨益的，但这里的前提是，双方都认为清楚的事后磋商是可以理所当然地进行的，同时要保证这是在有助于关系维护和寻求更客观解决方案的主导思想下进行的。对于伙伴关系中的沟通来说更是如此，彼此的感情是这种关系的重要组成部分。

对此，我们的总结是：人文沟通心理学暗示了对人际关系困难和敌对行为的一种自察（自我倾听）态度，这种态度往往会使他们在行为建议中单方面地重视自我内心世界的表达。有时他们将攻击性表达视作不成熟和该被唾弃的，而这很有可能会使他们陷入助长“新规范”的危险之中。在正要和同伴发生冲突前，他们会自动调整至一种交流减速状态，在此状态下的人虽然听见了心理警钟的鸣响，但也会因此而抑制和保留很多的愤怒。特别是对那些本质上更具内在归咎、抑制攻击、渴望和谐的人来说，这种自我抑制在向不利于他们的方向发展。对于他们来说，愤怒的“你—信息”是他们行为可能性的重要宝库，他们必须（再次）学会咆哮。

前面我们走过了一条很长的思维之路。在我看来，使人们明白那些由于其攻击性作用而使沟通变得令人厌恶的元素，并不应全都落入病理学垃圾堆中是很有必要的。当我们弄清了这些对立物和敌意情绪的时候，人们就会自觉发现包含其内的人际关系的重要。当然，有些人不必先来开辟他们的攻击性部分，我们会通过进一步区分接受和对抗的基本价值模型来确定他们的发展方向。

（2）尊重与自尊

威胁和嘲笑学生的老师，用红笔批判学生还把他们说得一无是处，这不仅仅是一个虚构的扭曲形象。在20世纪60年代末，作为反权威的教育心理学家，我们被要求同教师一起“练习”一种新的行为——应该学会带着尊重、礼貌和欣赏的态度与学生讲话，在冲突情况下更要如此。一些理论上认为有益的行为，经常会在课堂实践中导致惨败：习惯了强力手段和生硬语气的学生将使用这种“绵里藏针教学法”的老师解释为软弱的巴结者，他们越过三尺讲台嘲笑老师，有时他们的言谈举止甚至像是常言所说的“松了锁链的狗”一样过分。

作为培训师，如果我们曾经考虑过价值观和发展结构的话，也许就不会将这样一些人忽略，在他们中尤其是年轻教师，他们眼下迫切需要的其实是赢得尊重的能力！维护必要的自尊心时需要自信的存在，因而更为迫在眉睫的是对自信的培养，而不是训练对学生表示尊重的言语表达。

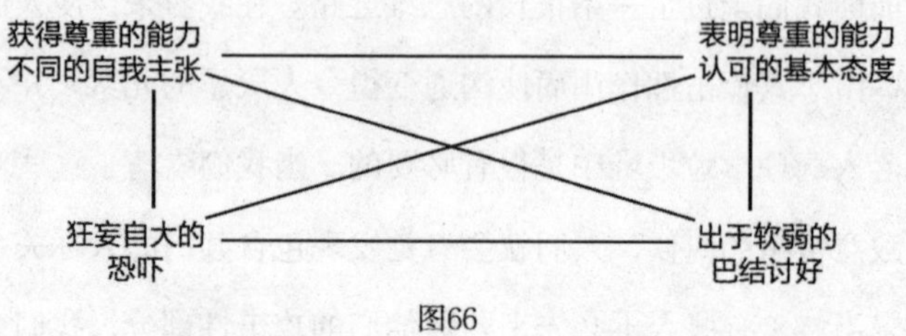

图66

如果没有获得尊重的能力，那提供尊重的关系就只能被理解成曲意逢迎，至少在像学校这样的环境中是这样。备感艰难的老师往往会在逼不得已时拉起“紧急制动手闸”，并以过度补偿的形式从右下角切换到左下角。而身处于傲慢恐吓背后的恐惧，就会让老师陷入自卑之中（对野蛮贬低趋势的根本恐惧），这种恐惧使人们注意到将强化自尊自信与训练尊重行为结合起来的必要性。

（3）对抗与肯定

一种相对的极性，在野蛮贬低趋势的影响下，我们面临着与“负面放大镜”相遇的危险。

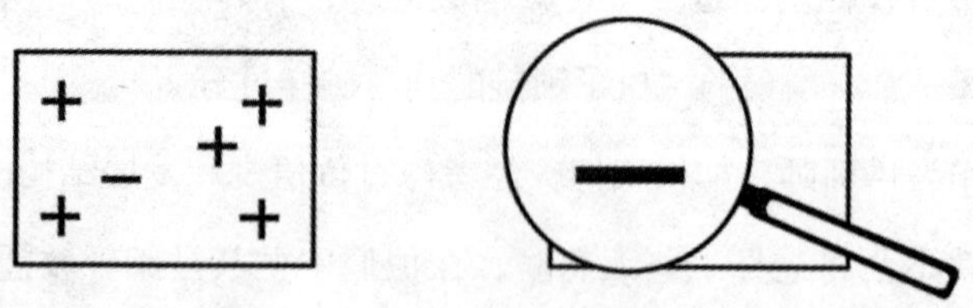

图67　负面放大镜：过度注意对方缺点和不足的倾向

这种方式使对个人有积极作用的批评退化到了声名狼藉的贬低训斥之中。有的时候，领导、家长和教育工作者让人觉得像是那种刚收到一封情书就马上在里面发现标点错误的人。从中我们可以看出，贬低倾向并不是先在行为上生效，而是早已在眼中“内置”了。这里缺少的是能在他人身上看到、感知到价值和贡献的能力，即使他们可能是“问题孩子”或者“怪孩子”。我见到过这样一些领导，他们站在员工面前只是摇头指责，所见都是不足，全然不存在看到眼下存在的内在可能，更别提什么赞赏了。

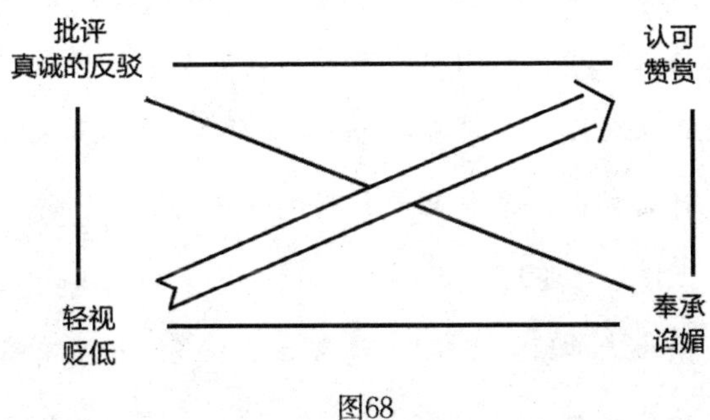

图68

如果是这种情况的话，只是提出“时不时地表扬一下你的员工”的好心建议是不够的。这只会促使带有某种动机的空洞套话和“巴掌里的甜枣”的出现，就好像领导并没怎么弄清楚员工的长处和具体工作一样！这种“欣赏工作”并不容易，特别是对把负面放大镜当作常用工具的某些人来说。

而进行这一工作的必要原因有两个：第一，这种欣赏工作也会对自己有所反馈；第二，特别明显的赞赏产生的不再是空洞的而是实质性的效果，还会由此获得可信度和信息价值。如果赞赏在某个具体方面（而非全部）失灵了，那么就必须要提到“实质性”的问题，即要与事例相结合并明确强调所提之人的特有风格，以便对方真正体会到自己是被理解的、受重视的。

练习

在员工、老板、孩子、学生、伴侣、同事等人中，你对其中的某个人存在很好的印象吗？请花点儿时间写下有关这个人的所有积极品质、成就和功劳，就好像你正在准备一段“颂词”一样（赞美诗）。如果没有想到什么词句，请将此看作眼界狭小的标志，并请重新踏上探索之旅！

你的清单填满了吗？ 请来查看一下，这里有哪些点是你已经告知了（或让其感觉到）当事人的！有几个？一个也没有？也许下一次就有机会了。

不过根据范例，不要即刻又将赞美和贬低放到一起：“虽然你非常懒惰，但至少你偶尔也勉强完成了最必要的功课！”

（4）积极重塑的技巧

到目前为止，我们已经建议野蛮贬低者不仅要完整地看到他人的消极方面，还要发现并“找出”对方的积极特征。就这一点来说，我们还可以更进一步。负面事物本身也是可以“带着不同的眼光来看”的，也就是说，在改变了的参考标准下被重新解释为积极的东西。此种“魔法”来自家庭疗法研讨室，但在日常人际交往方面，这个魔法有时也是很重要的，它十分适合用来打破自身狭隘的思想，并使人们自己有望作为构造者，对某人所经历的部分现实进行设计。

重塑的技巧是什么样的呢？我从成人教育的工作实践中找到了一些例子。对于大多数培训师来说，那些听课者大都对课程不屑一顾（理论上看起来很美好的东西，但到了实践中就会变了样子）。在特定的心理框架中，这种行为是对领导者的一种侮辱和不快的干扰。这种心理框架是：我（领导者）为你（参与者）提供了最好的知识，对于这些知识你应该表现出感激之情，并且还应该有自我得到了提升的感觉（如果是这样的话，那它就是一节好课！）。如果我对情况（以及此时的关系）做出不同的定义，也可能这种“抱怨”行为会由此产生非常受欢迎的建设性作用。

假如，我把研讨会理解为理论与实践的交会点，把自己定义为理论专家并专门在讨论课中负责流程设计，相对地，参与者就是实践专家，再假设，通过两类专家的对话产生了这样一种希望，即每个人都变得比之前更机灵，那么“实践看起来变了样”这句话在此处就成了实践入门的鉴定书，我必须喜欢这一类实践。即使参与者拒绝了我的邀请，但不去想参与者是故意让自己烦恼和尴尬的这个想法，而是面对此刻存在的妨碍，这就进行了积极的重塑。

当参与者恶意中伤对方并咄咄逼人地互相攻击时，有时也会出现积极的重塑。当我对自己说：“现在发生的事情，虽然并不‘好’，但这仍与往日里表面的客气方式形成了对比，是迈向关系真相的重要一步，也是避免惺惺作态，以消除对立面，并为消极情绪创造出发展空间的一次机会！”根据“小组发展”模式，一个小组在能够真正开始运作之前，还需要经历三个阶段：

阶段一：成型（找到彼此）。

阶段二：风波（发生冲突）。

阶段三：规范（商定规则）。

只有经过这三个阶段，才能执行（共同做事）。

令人宽慰的是，目前显然是发生“风波”的阶段，此刻插手干预并不大适宜。总之，现在发生的事情，虽说不愉快，但还好！

不过，这里也需要提个醒。在这种情况中，那些本来就很容易陷入野蛮贬低趋势，还偏爱于把负面放大镜作为建立人际关系工具的人，是我们尤其建议要学会积极重塑技巧的对象。对他们来说，积极的重塑是一种扩展延伸和重要的学习目标，但它并不是世间所有人的灵丹妙药！在不想看到、也不想感受到周围带给你的或你自己承受着的悲伤痛苦时，使用这个方法只能是自欺欺人。现实是不能被随意构建的，不是每一块污秽都能变成金子。因此，一位父亲试图让他的小儿子积极看待父母离婚这件事，他把“好处”放在了儿子面前：他将会拥有两个儿童房，一个在母亲家，另一个在父亲家。我对这种“乐观思维”作用下的精神策略做出以下评论：并不是人类的情感导致了这类事件的发生，这些其实是我们用来对这些事件做出回应的想法和解释；通过对它们有意识地施加影响，我们好像就能掌控每件事。这也是一种特定治疗方向的基本思想——理性情绪疗法，这种疗法的特点在于，当事人会被提醒，对某些指导他内心的非理性信念提出质疑，其预期后果是，之后使阻碍性的情绪反应发生了改变。虽然我相信我们可以凭借着精神力量影响我们的情绪，但我们的情感也是一种认知器官，情感可以为我们找到那些精神不允许你忽略的真相。

（5）直率和得体

另一个与野蛮贬低趋势紧密联系的价值和发展模式，涉及的是直率和得体之间的平衡。“有话直说！”是20世纪70年代的主要心理治疗口号，它表达了对上流社会高雅形式的反对，这些上流人士被当作装腔作势和假仁假义的代名词。他们对自己的社交风格感到自豪：这种风格即使在针锋相对的情况下，也能使其保持得体和畅通的沟通往来。让两个价值观相互对立，我们用某种技巧来合乎情理地对二者进行权衡。

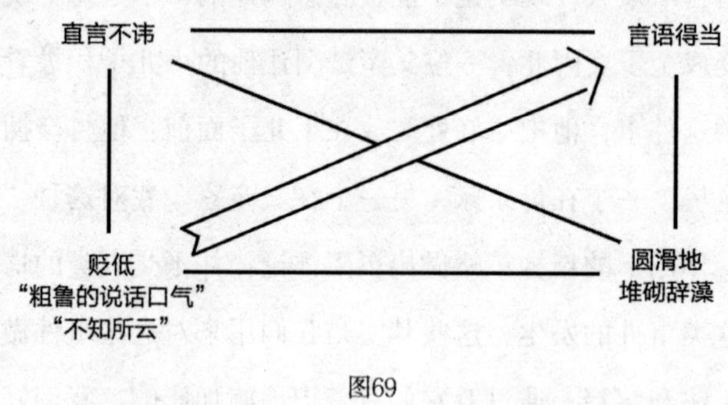

图69

直率的技巧需要在具体实例的基础上发展。在我们的交流研讨会上，这是最常见的难题之一：我如何批评某人（比如，我对他的什么感到反感），而不伤害对方的感情（不危及关系等）？虽然没有人在不润湿头发的情况下洗头发，但也并没有必要一连往头上浇三桶水。

特别是在工作领域中，信息接收者在关系方面没有感受到价值贬低的情况就属于得体对抗的一部分。这里的决定性因素是用不包含价值贬低的语句表达自己想要批判的行为（或想要批评的立场）。根据我的经验，这是沟通技巧中一个很难学会的方面。我认为，我们对对方的行为和想法的描述就如同还未上弓弦的小提琴，也就是说，从一开始就只有表示挑衅的词汇和表述！

我对一位同事说："你在每件小事上都针锋相对，就是为了得到老板的认可！"或者，最初我以中立（甚至是欣赏）的方式对这个令人反感的行为进行描述："你总是极其系统化地把事情查明，管理层批准你的做法了吗？"这两种说法有一定的区别。如果提出一个抗议或是请求，那第一个版本就会有以下差异：其中的措辞包含侮辱，例如："在每件小事上较真儿就是为了受到认可。"

这就引发了对方的内在力量，这种力量是针对个人的名誉恢复的。这种自卫力量与客观解决问题的力量相对立，至少会在此刻失去基于事实的合作。另外，在第二个版本中，"你系统化地把事情查明"提到了那种原则上值得称赞的认真负责的态度。通过这种方式，对方的自我价值就不会受到不必要的威胁。在这之后，他的内心可能更容易转到"对事情本身的兴趣"上，接着认真听下去，例如我继续说："而您完全能够用自己的能力对这些小的事情做出决定，我希望我也能那样。"

同样，在内容方面有争议时，是否对对方观点进行细致耐心地研究这件事取决于我是否可以用我自己的话复述出对方的观点，也就是说，用这种方式使对方觉得："我自己好像也没法儿做出更好的表述了！"但如果它不是关于学术讨论的，而是直接涉及意识形态和价值观的问题，我如何能做到“细致耐心”呢？例如，是否可以堕胎？或是在什么情况下可以允许堕胎？根据自己的观点，我们会觉得反对者如此恶劣和没有人性，理应受到的是仇恨和羞辱而不是细致和耐心。因此，在激烈的争辩中，人们会从一方那里听到：“按你的想法，如果孩子妨碍了女性的自我实现，女性就可以随心所欲地夺取未出世孩子的性命吗？”

用上述这样的言论硬说对方有着冷漠卑鄙的品性，这会使发言者本身变得卑鄙，更会把一种敌对立场变成敌对情绪。用细致和耐心来解释我愤怒的理由，这个要求是不是太高了？显然那是因为很少有人会这样说：“我也和你一样，觉得这么多堕胎事件令人十分担忧。然而，在你看来，法律条文使堕胎变得更加严苛，对腹中胎儿来说是完全不公平的。相对于保护胎儿，你认为这会加剧女性原本就已经十分糟糕的困境，会逼着她们走上违法道路。那你现在可以听听，为什么即便如此，我还要坚持不同的意见！”

理解了他人之后，接着就很容易出现良机，因为他觉得自己的自我概念得到了充分感知，所以现在能够抱着对等的态度倾听对方，而不是把他的能量用在输出伤害和摆正立场上。

有人相信，越是突出对方立场糟糕的一面，像是疯狂或恶毒，越是能突显对方的疯狂和恶毒，对方就会舍弃这种糟糕的立场来赞同自己的观点。“虽然我不相信，有什么人会真的信奉这一理论。也许，被咄咄逼人的价值贬低趋势所虏获后，我们最先追求的根本不是说服对方这件事，而是内心怀有的那种要让他人为其错误观点付出代价的愿望。”因此，无论面对何种重要的争议，我们都已经放弃了自我澄清：我在这次谈话中的目标是什么，我的“正当”目标是否与我的“秘密”目标相一致？人们很难在一个对话中完成两个目标：说服和惩罚。那么鉴于事实情况，对我来说两者中的哪一个更重要呢？

这种想法指明了自我探索的必要性。对于倾向于通过野蛮贬低方式建立联系的人来说，这可能是人格发展最重要的方向。

（6）对抗和自我探索

在和别人打交道时，那些特别喜欢抨击对方的人，对他人来说就意味着论断（这就是你），指责（是你的错），分析（你就会感情用事，还试图转移话题），批评（你在关键时刻连点儿骨气都没有），阐释（归根到底，你就是想溜走），提建议（别放不开，你应该更好地推销自己）。

在野蛮贬低趋势的影响下，感知自我会受到抑制。将人格发展的主题放在这里特别贴切：“如果你想成为一个好伙伴，那就先去看看自己吧！”

这里指的是对内心世界的探索。由于敌意倾向于投射，也就是发现（对抗）自己在别人那里不受欢迎的部分，所以它将给这种自我探索设置一些障碍。

这种心理障碍的出现并非巧合。在探索个人内心世界时，可能会产生一些不符合强硬自我概念的情感：悲伤、依恋、对体贴同情的渴望，就是一切“温和”的感情冲动，而它们的存在是强硬的自我所不想承认的，因为会被认为是软弱的——如果他是一个男性，他的无男子气概会遭到冷眼。

针对熟人，我们的外向型对抗性态度往往更为明显：因为很容易会谈到围绕在身边的失败者和卑鄙的坏蛋。这里的基本信息是：“我没有任何问题，但我被蠢货们包围了！”

与这一思路相对应的价值和发展模式可以按如下样式构建。这里指的是内在基本态度，而不是行为方式。尽管如此，这里仍会提到“我—信息”的概念，因为相应的态度通常会在行为上有所体现。

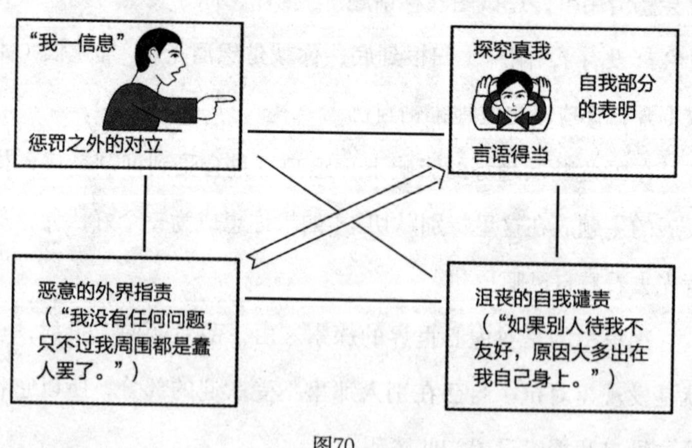

图70

在这个价值模型中，我们对本章之前的学习内容再次进行说明：对抗和自我探索处于互补的价值关系中，既不是对美好和人道的自我探究，也不是对某些丑陋和邪恶的惩罚性对抗！

发展目标使内在有两种可供倾向的态度：对应这种认识的立场是欣赏已经拥有的东西，发掘匮乏的东西。所以，家庭治疗师弗吉尼亚·萨蒂尔对一位愤怒的父亲的回复是这样的：

> 我认为，对每个人来说，表达他们感受到的情绪是非常重要的——也包括你现在表达出来的愤怒。我想对你道出我的认可，我也希望这个家庭中的其他成员都能做到——现在你准备和我谈一下这份愤怒背后孤独和委屈的事吗？

练习

我发明了一种有利于对抗和自我探索之间达到平衡的小练习。在沟通研讨课中，我们经常使用这种小练习来小心地进入自我体验过程。该练习被称为“难缠的其他人”，让我们从以下指导开始：

请让这样一个人在你的心中浮现，无论你与他的关系是好还是坏，你们两人之间可能会存在一些摩擦。例如，那些你们一次又一次发生冲突的事情，或者不能好好说的一些话题，再或者是你经受的不快，它可以不是什么重大的冲突，也许只是一些有点儿困难的小事。

这个人可能在你的生活中扮演着重要角色（例如，配偶、子女、父母、主管、员工），也可能是没有那么重要的角色（例如，邻居、熟人、远亲）。

如果此时每个人都想好了那个人，那我就会问谁想先来，并准备好两把椅子。

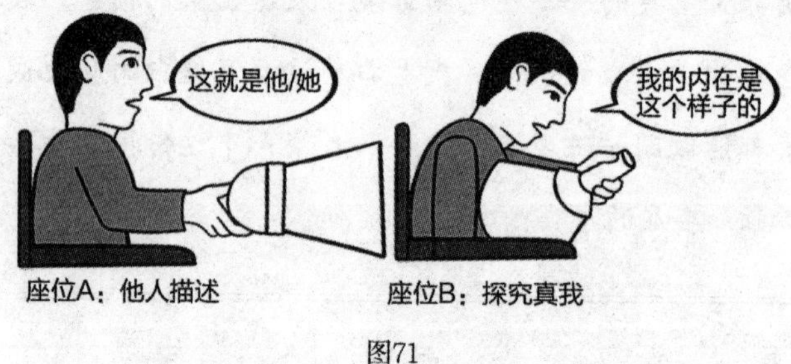

图71

当轮到那个人时，A椅子上的人开始描述他觉得难以相处的那个人。例如，傲慢——几乎不让别人说话，觉得比谁都懂得多，可能是自尊心薄弱等。当小组用大约两到四分钟时间从这把椅子上的人的口中得知了一些关于“某个人”的特征时，接着选出椅子B的人做出自我查明。在内心和外部表现方面，他各用一些方式对难相处的人做出反应。例如，我让自己忍受所有的这一切，不敢打断对方，有时候我感觉自己像是一个从他那里拿成绩单的胆怯小学生等。

在大多数情况下，参与者会觉得在A椅子的描述部分要比在B椅子的内部自我省察显得更容易一些。有时我会提供一些帮助，即走到参与者后面，提出在心语中的“另一个我”的表达，并及时询问我说的话是否对他有所帮助。随着时间的推移，其他小组的参与者偶尔也会参与这种“帮助”。

所有那些曾经来经历过这一自我体验的人，都受到了某方面的刺激和启发。一个部门的负责人描述了一个“闭目塞听的员工”，他无法容忍这个人，因为他自己也经常有这种感觉，只不过他竭尽全力让自己显得外向。一个人对自己的无法忍受在他人那里被唤起，这种事是正常的，只是大多时候人们没有意识到。

在生活中，两把椅子都很重要，它们都符合人际交往的立场，虽然在理想情况下两者都受到心理支配，并可能根据情况相应地改变，但是在常规情况下，我们似乎都只会偏爱一种趋势。有些人终身附着在椅子A上。至少，这种策略暂时使内疚感和自我怀疑得到了缓解。与此相比，椅子B提供了自我省察的机会，并通过对自我部分的发现，使自己从受害者变成了自己生活的主人。相反，椅子A为这些人提供了发展斗志和对抗能力。

第五节　证明自我型

5.1　表现形式、基本信息和心理背景

处于这种心理趋势时，我们会对自己的价值充满担忧。与野蛮贬低型不同，在这里我们不是通过贬低对方来加强对自我自尊心的保护，而是通过一种特别的方式来完成的，即竭力展示自身的闪光点，使自己显得聪明干练，旨在不让大家对自己产生任何坏印象。如果某人发出的基本信息是：“你不行！”那立刻会引起起誓性的回应：“我是完美无缺的！”但越是迫切地进行阐述，就越会在周围人投来的揣测眼光中产生自我怀疑，承受更多的压力。

图72　证明自我型的基本姿态

在这样的一个自我证明的世界里，存在着严厉的法官和雄心勃勃的竞争对手，而你不可以暴露自己的弱点，也不能犯错，或给人留下坏的形象，因为判决结果可能是可怕的——你是一个失败者！

当我们处于雄心壮志与自我怀疑的对立状态时，我们发出的基本信息是这样的：

图73　证明自我型的基本信息

在《沟通的力量：极简沟通的四维模型》中，我详细地介绍了用于这个基本信息的气势和外观技巧。信息接收者一次又一次地听到“看这里”的无数变体，它们听起来是这样的：

看这里，

我怎么才能快速领悟说话的内容；

我做到的所有事情，就是我之所以称为我的所在；

无论在哪儿，我都作为重要人物受到欢迎；

我对这个人无所不知（甚至是称兄道弟的程度）；

我在任何处境中都发挥着主导作用；

我对此了如指掌，能机智地做出论述；

这是我所做的丰功伟绩！

这种自恋的本人声明只能极为谨慎地在“附加渠道”中进行传达，在信息发送者的反复敦促下，信息接收者不得不尽可能地表现出充满认可的那种惊奇，尤其是当接收者也具有这种自恋倾向时，他很可能会落入一种被人迎头赶上的压力中。两人都会感到关系顿时变得紧张，对此我会在系统那部分再进行详细说明。

乐于证明自我的人会处于某种持续的压力之下，即要在外表表现出比内在状态更加完美的样子，而这会消耗大量的心理力量。因此，在对酗酒者的深度访谈中莫克发现了这种自我完善动机，这很可能并不只是一个巧合。

据我估计，我过去应该是个伟人，一个绝对的强者……（技术工人，50岁）

在所有事情上，我都力求尽可能地做到完美无瑕，并在各个方面做到最好。无论是不是在工作中，我与

周围人的关系……我想做的就是百分之百地掌握自己的生活。（工业职员，52岁）

如果有这样一种心灵公理，可以使自我价值取决于所展示的功绩，那这种由“自身制造”出的压力就变得易于理解了。

我本身并没有（被爱的）价值——只有达到了“优秀”水平的我，才值得被爱、被认可。

一个孩子，如果觉得自己本身是不被大家喜欢的，一定很早就会将希望寄托于成功，这使他不得不在失败的悬顶之剑下生活。往往“剑尖”会以使其感到羞辱和沮丧的形式出现，比如：“什么，你做不到？ 告诉我，你到底能做什么？”一方面，这可能是父母或老师的表达；而另一方面，用这种话来“激励”孩子，可能也会产生这类效果。而这种效果会对其性格产生一种“副作用”，使他误以为自己始终处于无法证明自我的困境中。于是，在挫败和野心之间的自我拉扯状态下，就出现了向他们证明的渴望。他们也许早已“离世”或无法接触，但即便如此，依旧存在的自我证明困境使其他人正在取代这些人的位置。更准确地说，他们被动地参与到了其自我证明的尝试中。通常情况下，我们不会对自己产生自我怀疑，反而会将这种怀疑投射到他人身上，并在对他人投去的“怀疑目光”中看到我们自己。为了使之转变成一种认可的目光，我们会投入一切努力，尽可能地付出更多努力。

假设，这个打算使我们如愿以偿地获得了所期盼的认可，甚至是钦佩，那么其中真的存在这样成功的希望吗？可悲的是，大多数时候并没有这个可能，因为这种认可只针对展示出的优点，那个被我藏在背后的性格还从没经历过任何认可。这样的心灵公理在一种内部的循环经历中被确定下来。

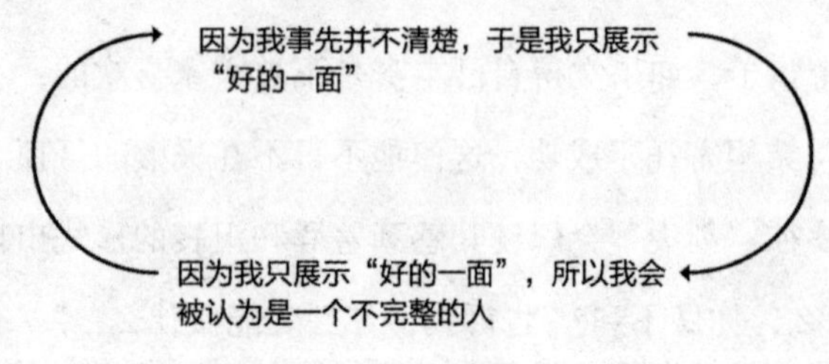

图74

因此，即使在掌声雷动的时刻，他也会隐隐产生一种感觉：“如果你知道了我真实的模样，我就完了！”总的来说，他的自我评价有着极端的不稳定倾向，此时还兴高采烈地说自己是个伟人，也许没过一会儿就谴责自己是个一事无成的人。值得注意的是，其中并没有出现过那种觉得自己普通平庸的感觉，就好像口号里说的：如果不是最厉害的强者，那么至少是最大的输家！

如果我无法做得很好，那么我想起码做到非常不好；如果我不是圣人，那么我想成为一个好罪犯。（上班族，39岁）

自我评价中的这种独特紧张状态可以被形象地描述为：在心灵空间中存在一个拉紧了的橡皮筋，它的上极（优势）会和下极（劣势）绷在一起。偶尔橡皮筋会从支架的顶部或底部松开，然后它会弹到特别往上或往下的地方。只有处于放松状态，这种情况才不会发生，因为那时的两极距离是足够远的。在个别情况下，人们会以十分不同的生活方式来应对这种内在紧绷状态。一个安排过满的日程表可能会变为体现自身重要性的日常可见标志，这种标志会为不安的行动欲望埋下基础——总是在连轴转地追求成就，使自己在这里必不可少，或在那里被迫切需要。

有时，陷入这种趋势的人会类似于某种艺人：他们用长棍子旋转一个又一个的盘子，要转的盘子变得越来越多，最后必须要来来回回地从一个盘子快速转到下一个才行，这使得每一个盘子都会有掉下来的可能。为了迅速让它们恢复到轨道运动，他们会用重新转动新盘子的瞬间来注意盘子的排列，以便识别下一个可能出现的紧急情况。在这种辛勤奔忙的背后是对平静内心的担忧，而在拥有夺目魅力的对外屏障中，其恐惧的则是内在领域的情绪冲动可能会受到他人非议。当他们无法忍受某些人的时候，那些人正“懒洋洋地躺在阳光下”，而那些不中用的人也正处于惶惶不可终日之中。为了逃避那些人的这种无价值，他们应将自己的生命献给有效思考和成就。但是，似乎存在人间“世界”的地方，还涉及一种精神“环境”。当一个同事问那个总是200%地投入工作的同事，他是不是好得有点儿过了，他会回答说：“不是的，我必须那么做，因为不那样的话，我基本就是个懒得要死的废人了！”

在自我证明趋势的影响下，我们大多数人很容易变成“失败者”。也就是说，对平庸和不完美的恐惧，在阻碍我们完成一切其他事情。突然之间出现的“莫名”干扰——也许还有使我们就此瘫痪的疾病或神经症状。阿尔弗雷德·阿德勒在类神经病和疾病中看到了一个具有战略意义的“诡计”——用这种方式逃离某些生活领域，使自己摆脱无力胜任的工作，而且还能不以失败者的形象出现在自己和他人面前！这种（如果没有这种使我难受的症状或者烦人的疾病，哪有什么是我无法完成的！）自我妄想依然根深蒂固地存在于大多数人的脑海中。

某种程度的能力减弱并不少见，这就需要借助外部手段来继续保持完美印象，表现出能胜任一切挑战的模样。只有在酒精和药物的作用下，“往日精神饱满”的外观才可能维持一段时间，但其背后的崩塌早已不可避免地开始了。由此，疾病的出现就几乎成了用来应对坍塌的一种可使一切情况逆转的解救方案。

5.2 体系循环

想要证明自己的人会陷入典型的人际关系循环中，这种循环能够重新引发举证困难的氛围。

在一个群体中，有的人会对专业方面的自我证明提出较高的要求，他们会通过极具判断力的成就和符合衡量标准的功绩，创造出一种充满竞争及举证困难的氛围。基于这种情况，一种对称的恶性循环就会自然而然地出现。

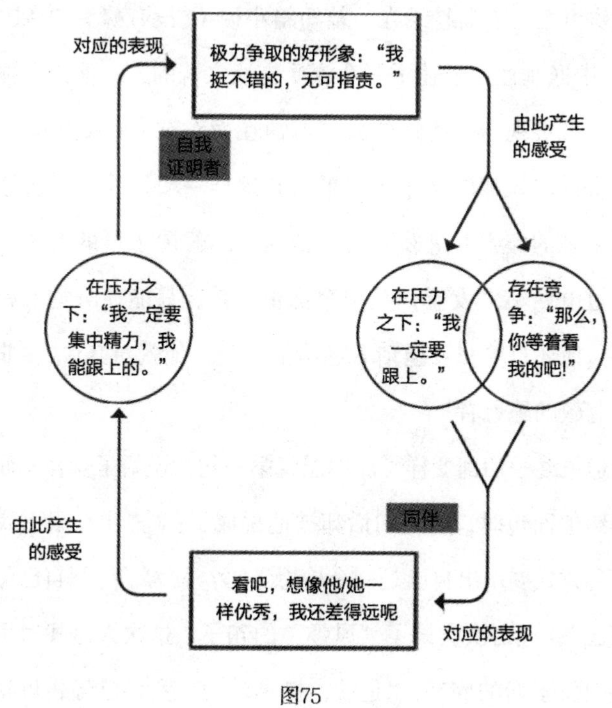

图75

这种对话氛围最终导致的不是慌乱不安，就是拘谨且没有生气的情景。这样的发言没有人真的会去听，也不值得听，因为他人的自我展示毫无新意，都是些哗众取宠的大话。该怎么办呢？人们该如何利用发言时间，展示自己的个人形象呢？人们最好找寻一个适合自身成就的关键词，这个词应该被精心策划和预先定制，以便在给出华丽辞藻的时刻彰显自我或至少不会遭遇失败。即将开始登台表演——无所谓对方是否从中获益了什么，最主要的是主导和稳固并保持这一水平！

埃里希·凯斯特纳在一篇短篇小说（《没有噱头的塞巴斯蒂安》）中讽刺性地描述了一个深受交谈之苦的人：他是个独自一人时才可被视为会沟通的人，习惯在面对重大社交机会时为对话准备许多风趣的文字。书里面有这样一段描写，一次他被邀请同未来的雇主共进晚餐时，他这样问候屋子里的女士（他已经打过电话）："女士，我至今都很遗憾，只能在听觉上和你见面！"他还打算只要邀请者递给他面包，他就对其说："非常感谢，尊敬的施恩者！"

但最终一切都变样了。他误将第一句话说给了女仆，而当房东递给他面包时，第二句话却被他说成了："先生，眼下我可以用这种方式展示出自己是一个施恩者吗？"为了抑制自己的"狂怒窘态"，他再次尝试了"风趣"的句子，这次人是找对了，但还是引发了新的恼怒："是的，挺幽默的，女仆已经告诉我了。"

面对塞巴斯蒂安的说话障碍，即他所处的难堪境地，我们会生出一种幸灾乐祸并混杂着同情的复杂情感。不难预料，同他比照过后，我们会发现自己有时也处于相同的窘境，我们也像他一样试图给重要的人留下美好印象，但这种努力反而使情况变成了僵持和拘谨，以至于到了自我疏离的程度，即我们不再扪心自问我们要说什么，反而会问我们现在说什么才恰到好处。

所有这些都可以在一个系统中得到很好的练习（见图76），这个系统会奖励那些具有显著成就的自我表现。但在某些情况下，这种系统却促使父母和学校成了滋生自我揭露恐惧的温床。“我该付出什么来取得好成绩？”这个问题在走出校园时（除了沮丧和被边缘化的人）被我们内置化，并立即在职业生涯中得到强化。所以，竞争和自我彰显的恶性循环，常常会与对方粗略或细致的贬值有关，并在以男性为主导的等级化工作环境中被预先设定为结构特征。这并不意味着我们对此就无能为力，每个主管都可以将自己理解成团队的发展助手，以此来对部门的思维和沟通方式产生长远影响。通过这种方式，主管们可以了解自己的思考和怀疑，承认错误的事实和自身的弱点。然而，这意味着所有员工和他一样，都必须处于一种合作和竞争共存的怪异两难中。

在这种情况下，本应促进双方合作的培训措施也就陷入了两难的境地：我们教学生们开放和公平对话的小技能，但人们最为期待的部分是用来操纵心理学武器的新技能，以此来使自己在竞争的恶性循环中占据优势地位！虽然理论上还没有摆脱困境的出路，但在具体实践中似乎总会存在与之共存的方案。这种方案为所有参与者铺平了更容易清楚认识自身情况的道路，这种情况最有可能使两难境地既不会被质朴的团结信赖占据，也不会被毁灭的竞争心态所侵害。因此应该再次对相应的理想模式进行辩证性地构建，以免使得人性理想就此堕落于绝望境地之中。

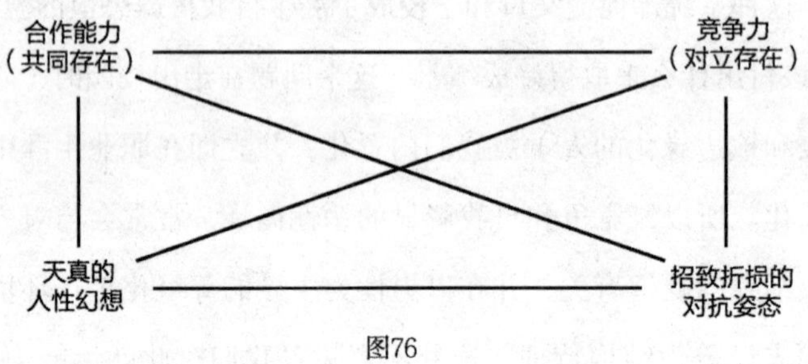

图76

在扩展了我们的系统并观察了结构体系的框架之后，让我们再回到人际关系层面，一个互补性循环就会出现，自我证明者反复索取并强调周围人认可的行为，造成了相反的情感效果——对于不得不一次又一次地去完成的“证明工作”，他们产生了粗暴的坏情绪，所以很快他们就会倾向于在所给的回复中加入某种批判的弦外之音。例如这样：“你也没有那么好，看看你的弱点和错误吧！”“这很好！你是最棒的，我现在才知道！”

在自我证明者的感觉敏锐的“关系耳朵”中，每种声音都由此成功触及了他的自我怀疑并诱使他做出更多这样的努力来应对紧急状态——申辩、解释、夸大化的自我展示。他在这方面所做的努力，反而会使环境中粗暴的坏情绪继续升级。

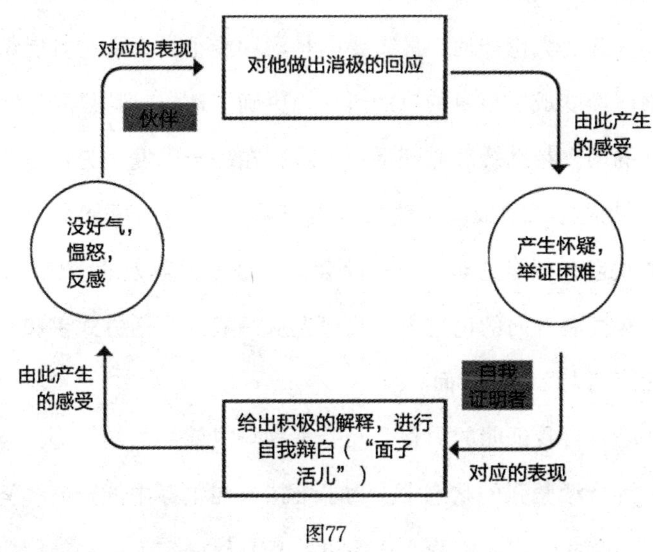

图77

5.3　个性发展方向

任何一个努力奋斗的人，都可以被我们拯救。然而，我们觉得“追求名利者”过于在意的那些事物，也是以某个珍贵的重要因素为基础的。人们会通过这种重要因素，在思考、感受和行为方面的投入中，逐渐完善和掌握对世界的掌控力。在与他人交流时不刻意隐瞒所拥有的能力，而是自然地表现出来，便是受人欢迎的或恰到好处的处理方式，而这也是很多人尚未学会的沟通技巧之一，即那些只相信善意接纳的人。

但这种类型固有的危险在于，那种对成就、能力和效果的追求偏离了其原有的意义，即人们应将这些美德与个人幸福联系到一起。无论如何，最重要的是聪颖能干！当那种可展示的性格已经变成了自身的目的所在，更确切地说，其目的是针对内在的用来帮助缓和心理举证困难，在一个以发展为目的的社会中，这种以“成功”为导向的基本心理结构可能会受到大众的欢迎，但是这对个人和社会来说是毫无益处的。

在发展方向的论述中，我想先从一般的生活方式讲起，再由此回到人际沟通方面。

陷入自我证明的男女会经受某种与成就相关的压力，会处于一种持续紧张的状态中。为了维持人在生存中的价值、努力和成就，我们需要将静心休闲以及身心放松作为一种补偿性的准则。自我证明者必须学会的是，冷静下来，坐在那里将注意力放在呼吸上并开始冥想，让所发生的一切再次出现（而不是干预、解决、生产并“制造”出一些东西）。在我们的课程中，我们有时会以要求参与者进行以下“痛苦疗法”的方式作为一节课的开始。

只要在那里坐一段时间，并且如果你愿意，可以闭上眼睛，关注你的呼吸，让你的肌肉一个接一个地放松，再尝试采取内心态度。

我不去做任何事情，不表现任何东西，也不给别人留下好印象——我根本没有做任何事情！我只是坐在那里，注意我的呼吸是如何呼进呼出的，我表现出的就是我此刻的样子——也许是不情愿，或兴奋，或惬意，或焦虑——该是怎么样就是怎么样，不存在干涉，也不做任何改变。

如果内心的声音不耐烦地说："我的上帝，要这样到什么时候，这段时间里我没有实现任何事，也没有做任何有用的事！"——然后你冷静地接受这个声音，例如以这样的态度：

"原来你在这儿啊，我亲爱的效能压力，你这个老猎手——对！你也属于我的一部分，但我可以决定自己什么时候想让你跟着，什么时候不想再见到你。"

在这里，请你把此时的安宁当作可以不做有用之事的一次机会。

事实上，有时忙碌的经理人会告知我们，他们在这些练习中会陷入“紧张不安”的状态：之前内心中运转的旋转木马，在他们的心中兜兜转转，它的触手想要做些事情或采取一些行为，从而在无拘无束的空转中再次加速。这几乎已经是一次恐怖之旅，类似于在没有任何安排活动的某段假日里所感觉到的那种情绪——害怕自己变得不耐烦。为了避免这种可怕的紧张情绪，即使长期遭受无法正常放松的困扰，他们中的大多数人仍然会为他们内部的旋转木马提供新的燃料。要知道，这个恐怖之旅是一种（暂时的）戒断症状，当“工作狂”免除其成瘾物质时就会生出这种症状。在关于“领导力”的现代研讨课上，以下问题变得越来越重要：该如何引导自己，保持我的个性本质和心理健康？只要我不让自己犯错，就可以成为一名优秀的主管（或一名优秀的女主管）吗？

可惜，在繁忙的日程中将一次瑜伽课或每周一次的自我放松运动附加在计划中是不够的。我们需要的是从根本上重新思考赋予了自身（有限）生命以意义的东西，并把它放在首要位置。对此没有人赞同“新的内在性”这一观点，而是提到效能和知觉的一种平衡，就像杜尔克海姆所认为的：“人类肩负着双重使命：在劳动中改造世界并在内心道路上进行完善。”对于这个“并”字而言，其实就是“不是……就是……”一直存在的地方，就是我们在不幸的两极分化中，一方面自身被戴上由世界要求所构成的辔头而在对外起作用，另一方面，我们一直在内部进行评判、排序和赋予其力量，其实不过只是一个空房间而已，在那里周身穿着铠甲的是恐惧不安、害怕受伤害的自我，这个空房间使那个真正的自己被打入了冷宫。在被忽视的本性濒临窒息之际，我们会体会到诸多情绪，如难以理解的恐惧、内疚和空虚感。从外表上看，他似乎正处于发展高峰期，但由于错失了自己，他在生活中还是失败的。

或者形成的是一种反向运动，其通往内心的路被一种未曾出现过的自我深层本质所吸引，同时在心理精神分支的扩张中不断出现的新供应也令人目不暇接。这一分支可能会处于一种完全相反的风险中，即将探索和深化解释为一种神圣的自我目的，并从政治、经济和日常领域中退回到了内心世界的贫民窟中。

我们再次以那些互相矛盾的“美德”为代表，使其从价值模型末位的无力状态达到辩证的统一。

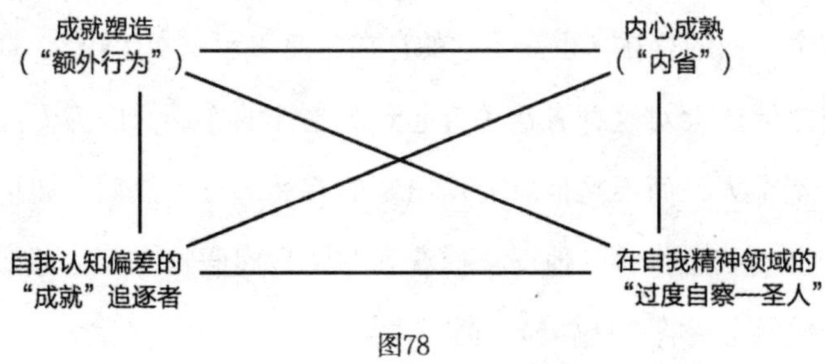

图78

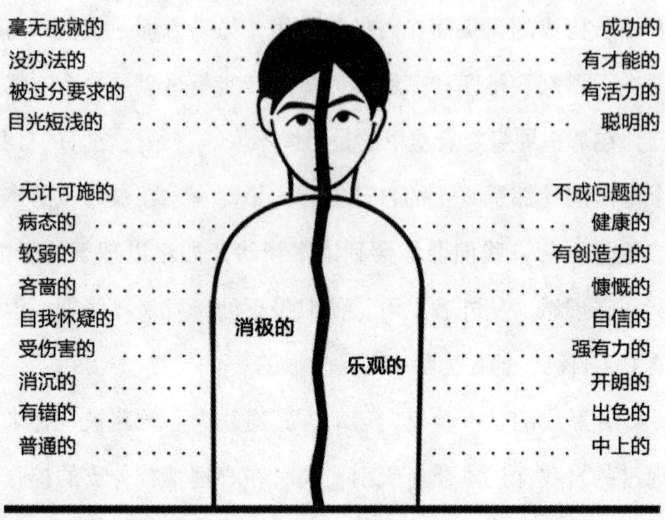

图79 必要的成长阶段——从“不是……就是……”到“不只……而且……”

首先，我们从一般的生活方式回到人际沟通方面。自我证明者，必须学会展示自己的正面部分，其中被保留下来的只有美观的、可展示的、绝对自信的方面。

其次，自我证明的进一步发展是感知和接受自身性格的消极方面（是的，我就是这样的），同时不再以对缺陷的蔑视来证明这个方面的存在（也需要它的存在，使一切正常运转）。真正的爱之体验会对这种有益整合起到决定性的作用，因为爱涉及的是整个人，而不是他所展示出来的有利部分。然而，如果通过狂妄的装腔作势，他反复捕获到的就是虚假的东西，那么这种情况就会一直兜兜转转，循环往复。

在自我体验的治疗小组中，正面进行自我表现的技巧是不受欢迎的。使另一半的自己获得认可并拥有“轰动一时”的效果，这种“妄想”是不大可能实现的，而且一直以来人们暗中想象的场景更是全然不会上演的，即在谦卑或怜悯之下遭受嘲笑。恰恰相反，他人会做出关心和同情的反应，这样的经历会引发一种精神上的自动矫正。值得注意的是，这不是出于小组规范的原因，而是为了获得认可，这里的每个人必须要自卑地展示出自身缺陷，这会促成一种新的调节效能的产生（弱点中存在着伟大，但现在我必须展示像样的缺点，就是说一定要尽可能地比他人的更严重，然后我就是这里的第一了）。由此会产生一个新的问题——自恋，将相反特征隐蔽地导入旧的举证困境，这使得图80的分裂状态持久存在。与此相比，一个学生用以下句子证明了在这种分裂状态下的斗争，并以此概括了其心路历程：

我可强可弱——不完美！

此时人格发展的结构化辩证目标，就如图80所示。

正如多次观察到的那样，在这个发展模型中，存在着一种依赖于传统男女极化的趋势。对许多女性来说，坦率而自然地承认她们不出色的方面是比较容易的（通常，这种行为不仅会

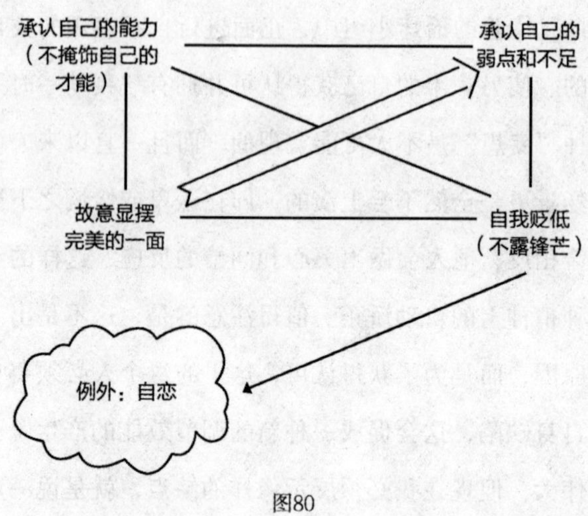

图80

得到谅解，而且还很受欢迎），相反，她们经常很难在“没有如果和但是”的情况下发挥自己的能力。一位心理学学生在求职申请中这样写道：

> 然后我做了适当的缓和训练，用到了卡片和毛毡笔，但大多是顺便……

她也完全可以这样说：

> 我的部分实践经验所涉及的是对整个教学课堂与教师之间的对话进行冲突管理，确切地说，是借助于

最先进的缓和技巧来进行管理。关于这一方面，我目前已经着手开展了额外训练。

这听起来像那么回事，并且仍然显得是真诚的！

根据我的经验，可以肯定的是，绝不是只有女性会对发挥这种能力感到陌生。在她们那里更典型的情况，可能与男性对客观干练女性的恼怒反应有关（你过于聪明能干了，X女士，你本该是妩媚可爱的）。如果普里西拉·奥尔德森在英格兰的经验无误的话，那么在客观工作环境中男性会为女性随时准备好四个形象——照顾孩子的母亲、严厉的教导主任、腼腆的女学究和金发傻丫头。人们会由此得出结论，似乎男性同女性的沟通被男性从事实层面逆转到了关系层面，即一种感情用事的自发反应。在这种关系层面上似乎有两个维度起着重要作用：吸引力或吸引力缺乏，以及优越感或自卑感。这两种维度的组合产生了图81的四种类型：

	正面吸引注意力	负面转移注意力
劣	“照顾孩子的母亲”	“严厉的教导主任”
优	“金发傻丫头”	“腼腆的女学究”

图81　在工作环境中受到男性影响的女性体验维度

这种不客观的反应结构加剧了女性，尤其是职场中的女性陷入的两难困境。作为客观而周到的合作伙伴，在她严肃认真的努力之中，她看到（并且感觉）自己在关系层面上受到了排挤，被弱化成了长期哺乳的母亲或不断诱人的女性。如果她对这种关系做出了让步（例如，对调情进行了回应），那她就会陷入向男性提供确切感知食粮的风险，这种食粮会被他们所确认。要是她拒绝让步，他们就会激发“恼怒”，可能也会得到认可（如果她非常能干），但不会是“喜欢”。

练习

1. 自我证明者可以从一些小的练习开始。一位年轻的计算机科学家曾说在参与了一次沟通课程后，他在与同事、领导和员工的工作来往中，多次发表了他以前从未敢说出口的言论，例如：

我无法立刻知道！

对此我也无能为力。

我承认，是我误判了！

很抱歉，我现在没有集中注意力！

说出这样的句子简直是一种自我解脱，非常的精彩，并且同事们对这样的反应也大多是积极的，有时甚至完全发自内心。

我们得出的结论是，在自我证明者生活中还未说过的这些句子，在最初应该是像一种外语词汇一样被记忆在脑海深处的，例如：

那可能是合理的，但我不敢。

我无言以对。

对此，我现在什么都不能说！

我现在不愿意。

我很沮丧，我不知道自己为什么这样。

这些是逃离举证困难处境的一些关键语句。请在相应情况中找出适合您的句子或者本属于您的句子。

2.这项练习会更深入一些，它不大适合日常生活，是为治疗和自我体验小组准备的，也可以作为夫妻间的练习。一次一个人，尽可能诚实地向对方说明自己和自己的生活，也就是说，以双重方式依次叙述。

第一次会在这种前提下："我身上没有发生太多的事情——我的生活是一种失败的存在！"

在这样的基础上观察与自身生活的这个人，说出想到的一切。

进行大约五到十分钟，例如：

现在我已经三十五岁了，仍无法做到顶天立地

——没有固定的职务，没有家庭，没有孩子，没有任何财产。我真的无法对一件事做出选择。

这里所说的内容应该全部是真实的，不过他们做出的选择和进行思考的方式会受到自卑感的限制。另外，如果对此人进行合理的消极“批判”，自卑感会有所缓解。

第二次应该有这样的前提：“和我有关的事都很体面——我的生活完美无缺！”

在这样的情境中会存在一些本人出于本能想要做的事情，例如：

现在我已经三十五岁，已经经历过一些事情，学到了其他人没有掌握的东西。

感谢上帝，我在生活中还从没这么明确过，有这么多门为我敞开，我完全不必草率做出决定，显然，我能做到的事情，就是……

随后，进行一场评估和洽谈：两位坐在治疗椅上的主角情况如何，以这种方式谈论自己的感觉是什么样子的呢？哪个版本会比较难，哪个更容易一些？同伴做出的内心反应是什么样子的，其他的小组参与者呢？出于你对这个人的认识，是否他们在第一把或第二把治疗椅上发觉了某些重要东西的丢失？

这个练习旨在勇敢地审视双方的内心，将可能在初期产生的那种“不是……就是……”的偏差印象作为息息相关的“不但……而且……”来体会。

第六节　主导控制型

6.1　表现形式、基本信息和心理背景

很多时候，我们会去主动寻求指导来纠正发生偏差的事物，使它们重回我们的控制之下，从而走上正当的道路，这里的“事物”包括我们的人类同胞！有人可能会试图用活力和热情来强制执行他的想法，以反抗他的伙伴。事实上，当脱离了这种关系且事物（或人）在没有接受其指导的情况下发展时，他将会被一种闷闷不乐的紧张感所围困，这种紧张感可能会增加内心的恐惧和外在的愤怒。他害怕什么，又愤怒什么？害怕惊喜、自发的变化、混乱以及失去控制，愤怒所有那些因其不可预测而不断阻挠他并向他展示无能为力的人，在这里男性和女性都会受到这种影响。

对混乱和失控，以及对“邪恶”的惊喜和极端生活的恐惧

图82 主导控制型的基本姿态

导致了一种“强迫性”的生活方式，其中迂腐的规律和仪式，严格的规范和原则，以及复杂的规划和组织起着重要的作用，这些都给这种危险和困惑的生活带来了一丝的安全性和可预测性。

在主导控制型模式中，来自他（她）的基本信息包含了一个不可动摇的自我宣言：“我知道什么是正确的！”这种确定性延伸到日常活动，就会如同挤牙膏一样来处理（从后面卷起）道德的基本问题。如果每个人都小心翼翼地遵守规则，人们的确可以平静而自信地生活，但这样太可怕了！总会有人有自己的想法。我们经常可以在自己周边发现一些人——合作伙伴、儿童、亲戚、同居者、员工和公司同事——这些人都没有被我们放到正确的轨道上——一个“西西弗斯任务”（西西弗斯，古希腊神话中一位邪恶的国王，死后被天神惩罚将一块巨石滚上陡峭的山坡。每次快滚到山顶时，巨石就会滚落回山脚，他只能永远反复下去。该词用于形容一项不可能完成的任务），因为人们倾向于坚持他们的考验和磨难，他们的遗忘和疏忽（参考下面的例子）。

“你现在又想去哪里？”丈夫紧张地问他的妻子，他从咖啡桌上突然且没有明显理由地站起来。“一切都在那里——咖啡、蛋糕、牛奶、糖、餐具——都很完整也理应如此。那么，她现在要起床了吗？可能是上厕所？至少她可以说一句她现在想去哪里！但她总是有自己的想法！有一天，她回家很晚，比以前回家的时间晚了三十五分钟，甚至没有留下便条！当她终于回来时，她把她的兄弟从荷兰带回家作为一个惊喜。我多么讨厌这样的惊喜！我必须根据发生的事情来调整自己的需要。前一天半我根本不能适应，她的这个兄弟把他所有的东西都散落在公寓里，早餐前去散步（当然，没有带前门钥匙），然后回来吃早餐，咖啡一如既往地放在瓷锅和保温瓶里。他毫不犹豫地从保温瓶中倒出咖啡来喝！然后当我建议他去使用瓷锅的时候，他觉得自己被冒犯了！好吧！当这样一位客人离开时，我当然会在再三祷告后做彻底清理。”

主导控制型者将同伴评估为不能正常行事的人，因此必须以自己的主观逻辑去引导对方在美德、理性、秩序和权宜之路上有所作为。这种风格的固有危险是未经授权进入不熟悉的“领地”，我们必须始终将防御反应考虑在内：“这对你有什么影响，你有什么话要对我说？还是让我按照我想要的方式去做吧！”因此在通常情况下，上诉不是作为个人意愿发出的，而是根据自己的需要提出的，但常常是以更高的法律名义规范性地提出。

莱因哈德和安玛丽·陶施二十年前在教室和家中观察教育者的言语行为时，他们发现指导的程度（方向、监护、管控）是巨大的，儿童和青少年几乎没有自主的空间，同时也无法独立主动地表达自己的意志和想法（而非依赖和反应）。试看下面虚构的实例：

图83　主导控制型的基本信息

父亲（对他十六岁的女儿）：我告诉过你多少次，不要把你的头发弄得这么乱，安娜，那是怎么回事？

女儿：哦，这只是一点点，其他人……

父亲：我们不是“其他人”，安娜！外出时你必须确保自己穿暖和了，所以你一会儿只可以在加热的房间里走走，而不是外面！

女儿：好的，爸爸。

父亲：别忘了走时向埃伯林先生和夫人道别，说一句问候语并用完整的句子说话，而不是你通常的电报风格。

女儿：好的，如果我愿意的话！

父亲：哦，安娜，这些事情对你的兴趣和心情没什么作用的。我告诉过你多少次了！

女儿：大约已经两百次了！

父亲：是的，只是因为你一直喝醉，你应该考虑一下是如何影响他人的，所以你要振作起来。不要忘记，在你离开时关掉房间里的灯。昨天我关掉了你房间里的两盏灯和收音机！

女儿：因为我当时一直在上厕所。

父亲：你总是让水龙头滴水，你必须把它拧紧，你听到了吗？之后，你跟罗伯·托桑索谈了四十多分钟，仿佛你没有更重要的事情做似的，好像我还没告诉你，这对你来说不是最好的方式。告诉我，他到底想要你做什么？

女儿：哦，没什么事！

父亲：是，是！“就那样”以八分钟为间隔，最后付出了整个下午。我们在私下说：你要找个能与你交往的人。如果那种不好的情况继续下去，我将会看到你跌落进排水沟之类的某个地方！

女儿：所以，我现在要走了！

父亲：不要再忘记钥匙，准时回来，知道吗？

女儿：再见！

在这个例子中，可以看出今天仍普遍存在的“专制行为”。心理治疗师一旦开始使用天使的口吻向他们的客户提出某些“见解”，就会在训练中学会看到红色警报灯的技巧。经验法则是：你要向他人讲的是你自己的传道！注意不要无意识地将所追求的自己的事情强加给客户。

将内心关注转移到人际关系层面可能是主导态度的关键之一，即将人类视为高风险患者，迫切需要治愈和重新塑造。其实主要是必须用自己的力量来控制自己：我所有的原则和规定，所有的体面和教条主义都可能是一个巨大的堡垒，建立起来以反对我内心世界的那些不可预测的大小事务，它们深处黑暗世界，只是等待在堡垒内部中寻找漏洞，用不可预测的力量展现它们罪恶、贪婪、无边、混乱的本性，并用这些淹没上层世界。这可以总结成下面的心灵公理：

我充满了混乱、罪恶、无理的冲动，只有遵循严格的规则，我才能控制自己，保持自己。

内心充满这些信念的人在其童年时代必定经历过许多事情，

虽然不是“自然”的，但在“文化”上，这些事却发生在每一次社会化中。越来越多地控制自己，从消灭所有冲动开始，例如，制造噪音、摔倒、打破东西、踢、随地吐痰、浑身泥泞、自慰、咬人、贪婪地吃饭、没有礼貌，等等。通过对榜样、奖励和惩罚行为的观察与解释，（或多或少）实现了可能行为的重要性和多样性的有限和有序管理。结果是一个粗鲁的与谦虚和纪律相反的文明的人，坚持所有那些“应该”促进共存的规则。顺便提一下，关于什么必须被认为是适度和体面的想法会受到强烈的历史影响。

随着历史的变迁，这种日益强烈的“强迫”与规则是我们文明的标志。因此，如果学会了良好的餐桌礼仪并控制了一些野性冲动，那么没有孩子会变得神经质。

但是，如果这个过程过早地按照要求和规定，并以严格或非常严格的狭隘观点来实施，当每一个禁忌的冲动都受到严厉的惩罚和迫害以及所有的挑衅性的反叛行为都遭到惩罚并最终被“根除”时，这样的情况下孩子只能将这种强迫从外部内化，并以无情的方式干预他对自己的重要冲动：“亲爱善良的孩子”成长为法治国家统治其精神生活的“体面人”。一场永恒的战斗迫在眉睫，“自律”和“自我约束”的武器一次又一次“改装”，因为被压迫的敌人已形成强大的地下运动。

将内部战区战争转移到外部似乎是人类的特殊性，人类被视为禁忌冲动的承担者，严格控制他们的社会规则被扩展到对同胞世界的控制。在政治上，这种倾向表现在遏制公民的基本需要上，选择“法律和秩序”作为最高指导原则，将每一个违反规则的行为视为“恐怖”，并迅速“清理”社会中那些看似“混乱”或具有其他特征的“元素”。在密切接触的关系中，这种趋势是显而易见的，即控制者将未经承认的自我冲动作为一种预防措施，对从属于他的同行启动传教士模式。

我们再来看前面对话示例中的父亲。他女儿“野性”的头发和衣服可能是合适的，但唤醒了他自己的“邪恶念头”，而他严重否认这一点。他更加紧张的是，他怀疑其他人会做出反应，而这可能只是开始的一小步，如果他不介入，女儿将不可避免地堕落。

另外，以下内容必须考虑在内甚至是决定性的：如果控制者渴望联系，但他的伙伴（例如，示例中的女儿）离他很远，鉴于这种伤害，他只能通过他的“家庭疗法”来表达他对接触的渴望——这就是规范和约束。可悲的是，这里掩盖了“我希望与你有更多的接触”这一信息，且无法识别。同时，控制者根本不想听到它，因为这意味着必须感受自己的需要，从而放弃一小部分的自我控制，这会使整个系统陷入崩溃。

6.2 体系循环

在人群中占主导地位的人，通常会出现模棱两可的缓解感和愤怒感。根据矛盾中的哪一部分占上风，会产生两个不同的周期，现在我们详细地分析一下这两个不同的周期。在开始之前我们应该知道，这两个周期可以以开放和隐藏部分的形式同时存在。

（1）领袖与模范生

自己的决心和可靠性主导因素会为伙伴提供一定的支持。如果有人能明辨黑白，那任何走在“灰色地带”的人都会感激不尽。儿童和青少年需要这样的引导作为指导方向，以模仿和学习它。即使对于成年人，如果有人告诉他该做什么，也可能会让人感到非常放松！特别是当依赖缺乏和自我缺失的情况下，我们喜欢向合作伙伴发出“邀请函”，并采取果断的态度：

“我现在应该怎么做？”（依赖缺乏的风格）

“告诉我你想要怎么样？”（自我缺失的风格）

学校领域的反专制，是通过询问学生来指出这种人性特征：“我们可以做我们今天应该做的事情，还是我们必须做我们想做的事情呢？”

成年人同样如此：“对于大多数团队而言，我注意到他们在工作开始时都会去寻找一位‘父亲’，他们正在寻找有掌控力和领导才能的人，因为这样可以提供给团队安全保障。为达到此目的，一个拥有人们所期望的一些品质的人很容易在团队中被‘侦查’出来。学生希望老师说应该做什么；公民团体期待社会工作者的具体指示；成人教育中心的每个人都凝视讲师，期望他最终会开始说‘去哪里’；在大学里，每个研讨会都会以老师为中心。”

对于领导者、老师、培训师来说，这种依赖成性的倾向对他们来说是一个巨大的诱惑。当所有人都“以他自己为中心”时，他便可以享受权力支配的感觉。如果他没有意识到这一点，他将会一次又一次地以这种方式表明他能够无所不能，并使参与者的依赖永久性固化。

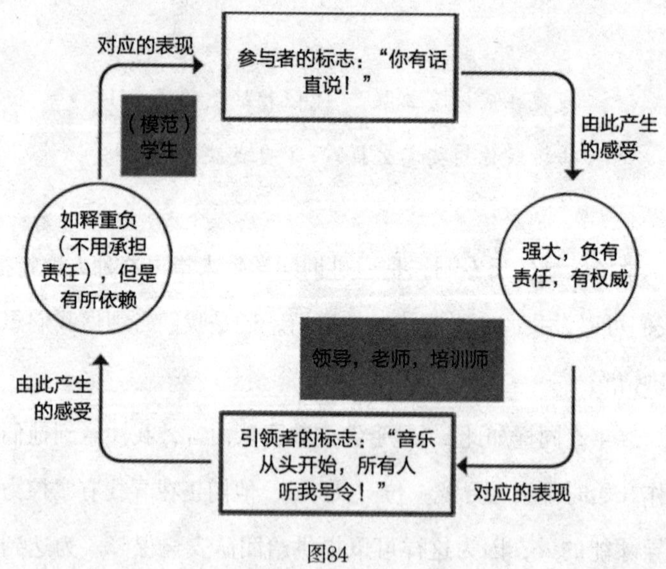

图84

与证明了的流程相关，“大师”生涯就是从这里开始的。要注意，他们将无意识地用仁慈的奉献来强化参与者的依赖缺乏和自我缺失，当他们忠实地写下“持久价值的句子”时，他们都会微笑。这种人际交往与开放性的教育宗旨相反，它在大师和聪明学生中造成了严重的两极分化。

（2）严厉的父母和混乱叛逆的青年

当另一半的愤怒感在矛盾心理中占据了优势地位之后，他如何感受到自己对自由和发展的渴望，并开始觉得自己像是被傀儡线所控制一般。严格的父母与其成长中的孩子之间的关系最能清楚地表明这种新兴的恶性循环。诉求维度上的“不要再做任何蠢事”的信息被孩子认为是冒犯性的。因为，父母所说的每一个“愚蠢”，都足以证明他们是想根据自己的指导方针建立孩子们的生活方式。上面的例子中，如果持续不断的谴责和劝诫已经不再能使女儿沉默，她就有可能会反击她的父亲。

你一生都在用言语和行为陪伴着我，为此我感谢你，有时我会考虑到这些。但现在我已经长大了，我想要越来越多地尝试，按照我自己的方式生活并找到我的方式，这将与你的方式不同。有些事是你不喜欢我做的，也许我自己也会不喜欢一些东西，但疏忽和错误是通往自己判断道路上的里程碑，请你不要强制从我的道路上移除这些石头。当我认为你的生活方式有些沉闷、狭窄且一成不变时，请不要感到惊讶，这并不代表我不喜欢你。但在这些时候，我不能向你清晰地展示这种“爱”。你必须明白的是：任何想逃离并获得距离感的人都无法善用这种爱的感觉，这似乎很容易带有蔑视的感觉。另外，在某种程度上，你想把你的想法强加给我，这样我就不会像你说的那样最终堕入阴沟（谢谢你的赞美，你似乎相信你的女儿对这个世界的诱惑很少有抵抗力！），在这种程度上，“爱”似乎真的陷入了困境，这适用于所有的鸡毛蒜皮的小事！

这些信息大都是以“烦恼”的形式出现的，与处理父母权力的战术装置相关联。如此便出现了这种恶性循环，面对子女越来越无视他们的指示，父母则更加严峻地加以控制，至少要“制止最坏的情况”发生。孩子们通过增加他们的爆发能量并用更聪明的行动做出反应，孩子们变得对“监护人”充满敌意，并且越来越不愿意以任何方式与他们分享生活。

由这种恶性循环产生的后果是，双方更容易在情感上进行分离。然而，正如通常的情况一样，其心理后果中的“解决方案”可能会变得比“问题”更糟糕。

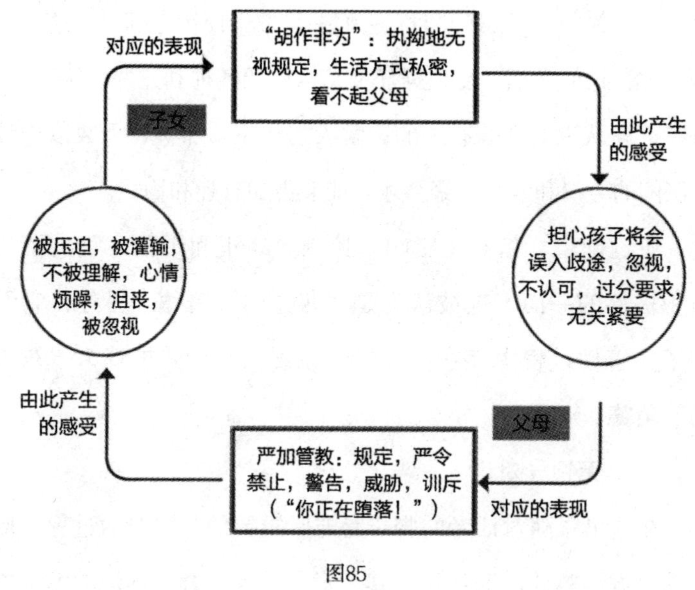

图85

6.3　个性发展方向

在许多专业领域里都需要主导控制型模式，特别是在执行层面。为了协调各种系统和机构中的复杂共存，这时就需要某些“领导素质”。要实现计划，就必须设置和实施清单列表的结构，以及必须给出明确的指示并监控其实施情况。根据历史和事实情况，这些管理任务的设计发生了很大的变化。滥用权力和缺乏经验促成了对领导人和引导者之间关系的新理解。也正是这些经历（特别是在德国），导致了年轻一代之间易于理解但却有些夸张的羞怯。大多数人际关系，特别是企业领域需要“有序的手”。当有人拥有它们并且敢于使用它们时，这可能是一种真正的幸福，能根据任务结构协调各种利益并控制流程。只有逐渐认识到训练有素的调解人的作用，那些每天数以千计的沉闷的会议和混乱的聚会才可能会更加有趣和愉快。

通过确定、指导、影响、控制、纠正和干预，解决了价值积极性的一面，这被认为是“西方的”美德。另外，它调和了在事件过程中存在的补偿性原则，并使其被视为“东方的”美德。

（1）无领导对话

在这里跟随对话者的脚步是非常重要的，在对话过程中应帮助对方调整并协助寻找与其相对应并且符合他本性的解决方案。帮助者自己的建议，以及为继续谈话所构建的辅助工具在这里都是不受欢迎的（例如：你有没有想过……）。任何第一次尝试在这种类型对话中的人很快就会意识到，把那些非常适合将对话和解决问题的方法放在“正确的方向”是多么困难。如果你帮助你的孩子、配偶、同事以及下属找到了属于他们自己的方式，且不会发生抵触（如果控制者理解这种说话方式不仅是一种临时技术，而且是一种真实接触的可能性技能），这将成为一件令人兴奋的事情，也是你生活中的转折点。

（2）教育、治疗和成人教育中的指向性和非指向性

指向性和非指向性不仅适用于对话，而且总的来说，对与

人打交道这种指导也具有非常重要的意义。这在教育领域中非常明确。直到今日，教育都是一个确定性潮流的领域，正如我们现在所能衡量的那样，不好的方式方法早已经消失了。我们经常用雕塑家的行为来比喻教育，他们根据自己的想法从粗糙的岩石中形成一个人物形象，但这个比喻不足以描述教育者的心态。如爱丽丝·米勒所描述的那样，雕塑家的原材料看起来是未成形的，并且是处在一种纯真的状态之下，但教育是对孩子灵魂的“宣言”，其强大的生命力、顽固性和强烈的感觉被认为几乎是“恶魔”一般的存在，因为它在强迫性的平衡中威胁到了教育者的地位。孩子不一定只是被塑造，还可能支离破碎，其错误会被根除，活力也会受到纪律和秩序的处分。

被如此“虐待”的孩子就是明天的施虐者。因为他们被迫感受到他们的内在本性是邪恶的，为了使严格的“监禁警卫”内化，他们将冲动判定为“终身监禁”，他们会像成年人一样使用这个迫害者和监护人来对付自己内心中的“孩子”。如果一个人只是在努力和紧张的情况下沉默了，在其他情况下，一些不同的声音甚至是轻柔的声音也会被他们认作令人不安的噪音，甚至会被更极端地认为是一面无耻的挑衅旗帜（挑战美德所守卫的正义），愤怒和狂热便会由此被激发出来，他们立即会再次将这一切沉默处理。这种投射机制使人们提高自己的理想并衡量、判断和对待他人。面对这些标准，孩子开始在“我是如此”

和“我应该如何”之间左右徘徊，这反过来又为内疚和自卑感奠定了基础，也是自我倾向的基础。

就我们所确定的流程而言，现如今教育改革者们正提供着令人兴奋的课程：“我们作为教育者的角色不是为了塑造我们的孩子，而是让他们有机会展示自己。”在我的学生时期，印象非常深刻的是莱茵哈德·陶施教授，他在作为大学教师的实践过程中便实施了非指向性教学法。因此，他会给一个十二岁儿童上关于意大利或毕加索的课。在教学的实践过程中，他致力于理解和反思孩子们的自发印象，在我的记忆中，他是这样的：

女孩：这看不出什么来啊！

老师：令人惊讶的是，你无法在图片中看到它应该代表什么。

女孩：最多像沙拉。（大笑）

老师：好吧，好像一切都乱七八糟的。

男孩：我可以看到那里的公鸡。

老师：现在你认出了一些东西，一只公鸡，但你在怀疑，它是被画在那里的或者它实际真的在那里？

男孩：是的，就像云一样。

看到这个例子的学员们感到非常惊讶——学生都被教了些什么？并非所有往昔的事情都会被抛弃，有一些东西还继续在教育中发挥着作用。以教学目标确定教学的方法，以目标为导向研讨在指导学生过程中获得的某些新的发现。“因为我（课程设计师）的教学愿景，会把你带到你应该去的地方！”这种方法在这里显而易见地受到了根本性的质疑，取而代之的是“我将自己置于你们所处的位置，用你们的想法感受你们个人价值观，认真对待你们并反思我对你们的理解，我鼓励你们，提前思考并相信你们自己的感受。”

这种态度只有在与人类学有关时才有意义，即在发展的重要阶段可以“自愿”发生，而不是从外部“制造”。“雕塑家”的想法在这里完全矛盾，“园丁”的形象是合适的，不是去强烈地拉动植物，而是努力提供外部有利条件（光、土、水），如果做得过多，便会打扰到他们自己的成长。这是1987年去世的罗杰斯的研究工作，他研究了有利于人类个人发展的人际关系条件，并在心理治疗和教育中加以实践证明。非指向性心理治疗的最基本、最核心的理念是：一个人不会从根本上改变，因为“专业人士”会根据行业规则诊断和“对待”他，但是一个有同情心的同胞却会与他建立一种关系，其特点是真实性、接受性和同理性（同理心）。根据矛盾的变动规律，当我可以坦然地接受自己时，改变和发展自然也就会发生了（治疗师会放弃给患者提出任何建议、指导和劝告），客户会在没有过多保护自己的能力的情况下，更加深入地探索自己，并逐渐接受以前认为是可耻或有威胁的那些方面。

这种治疗关系极易为对方所接受，而那种以变革为导向的治疗很难被强迫症的人所接受。在充当顾问的角色时，如果他不能很快给对方提供一个很好的解决方案或者至少是一个有意义的指导，对方便会感到越来越不舒服并感到“刺痛”。尽管如此，治疗者还是会帮助对方集中精力倾听，这是因为他缺乏的恰恰就是“干预”。事实上，采用非指向性方法也存在一定的风险，例如与孩子打交道，他们可能会朝着与预期不同的方向前进。条条大路通罗马，当然有些人可能不想去罗马——这种认识对他来说就像是一个“蟾蜍”，首先他必须吞下，最重要的是必须消化。

对于学生和年轻的心理学家来说，这种“非指向性方法”在20世纪60年代后期有了很大的发展，我们毫不犹豫地将其传递给所有的老师和家长。与此同时，我们向婴儿倾注了一些相关方面的指导，通过尝试各个理念的教学法，我们也为他们的成长做出了一些贡献。我们将自己缩减为“镜子机器人”，我们促进了新的联系，并让非指向性行为成为人际沟通的方法。此外，我们将这种方法传递给那些年轻教师，因此他们必须学习完全不同的东西，以减轻他们在实践中受到的冲击，即坚持自己并领导班级。我清晰地记得一次沉闷的角色扮演，其中老师看起来特别绝望，他的“学生”在长凳上大喊大叫，现在他尝试使用非指向性方法与学生接触，这与他的很多其他同事相反，因为他拒绝了指向性的方法。

同时，在露丝·科恩的“主题中心互动方法”（简称TZI）中，我学会了制订会话的结构规划（主题制订、进度规划、组合练习、大组和小组的变化等）和促进自发过程，给事物留出空间非常重要，但也请记住，计划外的事件有时会阻碍原定计划的进行。“允许发生！”我在我的小组负责人的手册中反复提到这句话，并且“我允许被指示”！首先，我通过明确的结构化的指示承担我作为领导者的角色，因此不会冒隐藏情况真相的风险；其次，有一个元规则——“做你自己的主席！”也就是说，你作为参与者，要随时决定你自己是否想要遵循指示！

我们凭借着TZI的结构和规则，帮助了许多我们倾注过大量心力的孩子，为他们寻求到了一种独特的治疗方式。小组组长和教育工作者的任务并没有因此而变得更简单，而是变得更加困难。参与式领导者的角色需要工具和个人经历的高度整合，但罗盘上的方向现在已经设置正确，正如露丝·科恩所说的那样：“乌托邦是指南针，旅程就是目标！正确方向上一毫米的价值超过错误中的三英尺！”

下面让我们来考察一下这个思想中隐含的价值和发展维度（见图86）：

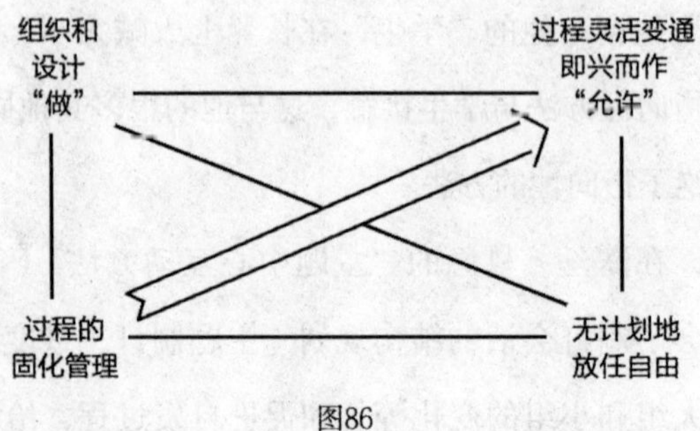

图86

（3）自我控制和自我承认

我给别人的待遇与我处理自己的方式密切相关。深刻的人格发展将同时涉及两方面的心理活动。如果我倾向于控制、指导、引领和教育我的同胞，给他们施加压力，做正确的事，那么我内心就会有一个会批评和遏制我的监督者，使我无法轻易地完成任何事情。

用句子来说就是：

你总是……（公平、准时、可靠）

你现在应该……

你不能……

尽力控制自己，保持你的态度！

根据罗杰斯的观点，对（内在）经验的开放性强弱，是治疗成功与否最重要的特征。虽然过度控制的人在之前使用了大量精力来抵抗与他严格的自我概念相矛盾的所有感情和冲动，但当他学会承认这些“非线性真实感受”，并随着时间的推移欢迎它们时，他便会知道：

> 意识不再是一种危险和不可思议的冲动的守护者。这种冲动只能在特殊情况下才会重见天日，它已成为情感和思想社会的和平室友。

在这样的治疗过程中，构成“文明人”的情感控制的一部分被逆转，也就是说，通过内部层面调节，不仅会调节人类行为，而且还会通过调节感情和需求来超越目标的那部分。

增加对内心体验的开放性，也是改变沟通方式的精神先决条件。我在这里谈的是从规范到个人欲望水平的发展方向，可能意味着共存，特别是在私人领域。

比如，将“你不应该……”改成“我不想要你……因为我……”，或者将“你这样做会……”改成“这是因为你让它听起来像那样，因为我……”，这不仅仅是配方上的差异。对于决定因素而言意义重大，因为他不能再以更高权力的名义，以理性或一般道德的名义宣布他的主张，而是必须以他自己的名义发言。这就意味着他要从高规范的阶台上下来，并承认自己的需要，且不得不面对争议，同时，它提供了新的体验与通过监护和指导产生的完全不同的效果。

在此时，争议会获得新的质变——突然之间，不再是谁对谁错的问题了（例如，门是打开还是关闭，这种或那种音乐是否“更合适”，钱是用于度假好还是用于教育好，等等）。此时的问题是：对你我来说，什么是最重要的，事情是需要以适当还是不适当的方式去做。但这并不意味着在特定情况下的每个需求都具有相同的权重——在谈话中去探讨重要性（我想说我为什么这么关心它……）。

第七节　疏离型

7.1　表现形式、基本信息和心理背景

当我们被疏离趋势所左右时，其他人是无法离我们太近的。疏离者将自己的情感前沿向前推进了许多，即让一堵看不见的墙来负责保持适当距离。最初，这指的仅是空间和物理上的距离：是以一种害羞而非厌恶的状态显露出来，在与人接触时设法保持所需的“安全距离”，这种距离会通过书桌、会议桌、庞大的办公室前厅或对书信往来的偏好来得以确保。这同样也适用于精神上：在直接接触中，确立安全距离即为沟通的首要任务。

正如托马斯所说：“这是一种在形式上不掺杂任何私人感情的疏离。”他在自己的周围创造了一个空气层和一种冷清的氛围，其中令他感到遗憾的是，对于友善和同情的真诚接触，正以他们不知道的方式继续存在并日益增长。正如菲利克斯·克鲁尔所说：

> 这些疏离者很容易被认为是傲慢和不屑的。相应地，他会让对方产生让人很难接近或不会真的与人亲近的印象，即使没有敏锐的“关系耳朵”的人也会觉得不太喜欢他们——这并不一定是真的，因为疏离趋势可能还会出现在好感的加剧中。

所以，疏离者的说话方式是为了保持距离，其主要以“成年人—我”的腔调讲话，他不会让任何事情触及他，试图用理性来应对一切。

他的基本信息在事实方面存在着一种深度表达，而在关系维度上的表达则较弱一些。除非有人想将他推得太靠近“情感边界”，这时，他可能会变得非常不高兴、生气或者

图87　疏离型的基本姿态

咄咄逼人，并会告知对方，这种“黏腻的亲近”有多令人讨厌。同样，自我表达也受到了微弱影响，他会变得寡言少语。明显与之相反的则是不停地发送诉求维度上的信息：“不要离我太近！”

疏离型趋势在对话中，事实维度方面的明显倾向可在以下事例中看出（远方的丈夫回家，他的妻子忧愁满面地和他对话）：

妻子：吕迪格又得了不及格！

丈夫：哪科？

妻子：英语，他在这上面做了很多功课！早些时候，他坐在床上哭，然后……

丈夫：他是如何失败的？

妻子：我不知道！但无论如何，他好像已经完全绝望了。

丈夫：嗯——这是反复性失败还是首次失误？

妻子：据我所知，他之前没有不及格过，但我也担心过。

丈夫：首先还是重新查验一下，是否存在绝望和担忧的理由。对此，有必要弄清楚具体的事实情况。

妻子：对你来说只有事实重要！你都不想着去安慰一下他吗？

丈夫：呃，现在最好是让他独处一会儿。人冷静下来之后，就可以找到适合用来解决问题的方案了。

妻子：冷静下来！我很生气，你知道吗？

丈夫：这样我们就没法儿继续谈论下去了。（退却）

在这个对话中，丈夫的内心批判妻子缺乏客观解决问题的（正如他所表达出来的那样）能力，妻子的对话则在抱怨丈夫缺乏同情心，较少带有感情地交流（这里不是只有你而已）。事实上，疏远的语言不仅保持了与其他人的安全距离，还保持了与自身的安全距离。更确切地说，是将自己的情感妥善保管于灵魂中的某个区域。其节制情感的语言，以名词来代替、概括，且以对于“我”的这个词的回避为主要特点。

不是：“当我看到吕迪格如何挣扎时，我完全不知所措。”

而更可能是：“当孩子在学校遇到问题时，这对父母来说也不容易。”

不是：“我很失望。”

最多是：“从我的角度来说，当然也有一点儿遗憾。”

但总的来说，是选择用这些说话的方式来淡化他们自己的担忧。

不是："当我看到老板与所有工人讨论并把我晾在一边时，我受到了伤害。"

而是："有时人们会有点儿想知道，上司在根据哪些观点来选择他的对话者。"

疏离者给外界的印象是，仿佛很少被打动，毫无情感——一个石头脑袋和石头心肠的人。既然我们在其之前做过考虑外部行为补偿性方面的训练，即作为处理内部事务的方法，我们可以假设，在疏离者"灵魂深处"形成了一个富足的，但也脆弱到急需呵护的情感世界。当疏离趋势在一个人的内心中占据了如此高的支配地位时，他就再也不能（即使他希望）表现出不同的样子了，就此很有可能会给人与人之间的亲密关系留下难以磨灭的经验教训。

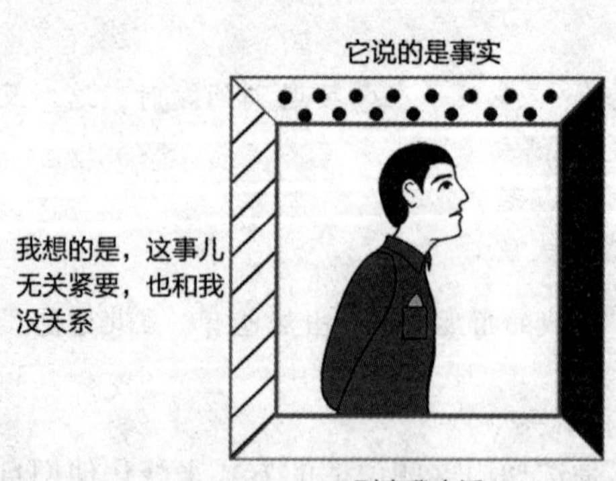

图88　疏离型的基本信息

那可能会发生什么呢？

令人惊讶的是，在我们的社会中，这种接触模式对于男性来说尤为典型。这与两性在传统地位上的分工一致：职场中的男性通常需要一种与对话角色保持距离的人际交往方式——人们不是选择了彼此，而是在适应彼此，我们不代表自己，而是代表自己的委托人。

另外，女性的家庭世界会随着人际关系的完整性和彼此感情的浮浮沉沉，在爱的亲密接触中完成对亲近和依恋关系的建立和保持，这是女性在这一领域的“使命”。这些不同的两性烙印可能已经解释了很多男性和女性在“彼此世界发生碰撞”时所面临的问题。

即使如此，人们仍会产生这样的印象，即这些差异倾向早就存在，只不过是通过职场上的分工得以巩固和进一步扩大了而已。这似乎也解释了以及充分证明了这一情况的存在，即人们会将占优势的角色形象作为目标并在此方向上大力发扬，这也是孩子之后的“使命所在”——进而对男孩子和女孩子进行不同的教育和偏重。于是在很多微妙的秘密渠道中，自立和客观的男孩子更会得到喜欢，女孩子更可能会被鼓励去和人们多接触和交往。当然，这些也对人际交往和关系建立的方式造成了影响。而心理治疗工作的证据表明，此刻谈及的差异还存在更深的根源。

为了理解这一点，我们需要记住这样一个事实：男性和女性第一个最重要的联系来自母亲，在这种联系中含有全然不同的命运。女孩与母亲是同性关系，男孩与母亲是异性关系。根据奥利维尔的观点，这种差异是非常重要的，甚至可能会变成首要的。这意味着这个小男孩必须随着时间的推移从这种甜蜜而安全的“情感关系”中解脱出来，因为在这段关系中他无法成为其他角色，父亲才是母亲真正的伴侣。如果父亲不在场，这样的弱势或超越就会（经常）缺席，那么必然的分离过程将会迁延时日。在“无父社会”中，母亲和儿子将长久地保持他们的亲密关系。然而，这个男孩会陷入困境：由于缺乏父亲身份，他无法成为一个真正的男性，若是长久地处于与母亲的共生状态，就会无法成为真正的“自己”。

母亲将自己的需要（缺少伴侣）输送给她的儿子越多，她就越难以放手（在双重意义上：既让他做自己，又不让他离开）。因此，随着时间的推移，他将在极具爆炸性的矛盾心理中体验充满爱的亲密关系，既充满了幸福又令人窒息——就像是人们需要畏惧，即使害怕却又十分渴望的一些东西。现在他需要强大的精神力量来保持距离——对抗母亲和自身那种想要保持亲密依赖的动力。这里唯一有帮助的就是“关闭舱口”，将自己和母亲的情感世界隔离开来。

只要成年男子与他的母亲“尚未结束”，只要他未能从情感的枷锁中挣脱，那当他（从根本上）基于“不再如此亲密”的指导原则走进其他关系中时，其精神世界中的情感也将无法转移给其他女性，只因他（无意识地）知道他多么容易因为融入亲密关系而失去自我，也因为他（有意识地）清楚地知道——女性拥有怎样的占有欲和纠缠能力。此种情况下，可以总结出如下心灵公理：

> 当我敞开自己并让别人接近我时，我会处于极度危险之中。我可能会上瘾，这会使我受到伤害，并在这段亲密关系中失去自我。

当婴儿被忽视、遗忘、不受欢迎或被人厌恶时，这个理论在心理上同样有效，或是正相反，当被过度接触而造成“窒息亲密”时，或当两种极端发生反应时（例如，起初太少，后来太多），其将以某种形式“孤零零”地存在。在所有的这些情况下，人际关系中的自我保护是其主要的标志特征。当然，通常情况下，疏远的人格部分在男性身上更为典型，因为女性群体在动态上有着不同的早期命运：在同母亲的亲密接触中，女性会天然免疫对异性接触的爆发，后来的分离不会使她那么痛苦，也不会那么迫切，可以在“坦然自若”的状态中完成。

因此，两性间的差异可以归纳总结成如下形式，即通过多重限定下的自我稳定循环加剧了两性差异的极化程度：

第一，在距离和关系方面，早期命运存在结构上的差异。

第二，基于对性别角色、陈腐观念的培养，加强且确定了男孩和女孩的不同倾向。

第三，通过划分社会影响下的生活领域，极化程度再次得到巩固。这种划分越教条，这一点就越严重。

第四，（见上文）当父亲很少在场时，母亲的重要性就会变得明显从而增大差异程度。

接下来，我们看看疏离型人群的特征。

他们极度害怕依赖，这使他们显得格外冷漠，但也让他们做到不对任何人产生亏欠，无论是过失还是人情。坚固的水坝阻挡了巨大的水势，于是它需求依恋的河床就干涸了。因为有些东西把这里堵住了，他便会对大坝受到的破坏及随之而来强行灌入的巨大洪水的可能性产生恐惧，这足以成为因避免灾难而扩建大坝的理由。恐惧和欲望是共生的：对亲密和爱的渴望越强烈，则对它的恐惧越强烈。所以在人际交往中，边界仍然坚固地存在着。在紧密接触的情况下，保持距离往往是尴尬的，类似于蜗牛，它会立即移动其敏感的触头，并通过“退回壳体”从接触中逃脱。

去酒店或医院的时候，他会申请单人房，但喜欢邀请别人来；当他在远处看到朋友时，他会谨慎地改变路线绕到街道的另一侧，以避免接触所带来的拘束感。精神恢复对他来说是一种不受干扰的独处：只有当他有足够的时间“加注燃料”时，他才能对接触生出一定的好感，并开始对那些他曾不得不一直回避的人的出现感到期待。然而，愿望的实现始终无法跟上愿望的脚步。

而且，当他距离一个完全友善的人还有一段距离时，他可能会变得极度不舒服，他会觉得自己受到了轻视和伤害。如果伴侣对他产生太多的依恋，那他可能会严厉地回应："还能不能让我安静会儿了！你可能需要花一些时间找点儿对自己有意义的事去忙！"如果他没有或太晚察觉自己不愿意与人接触（或者他也认为应该为别人多考虑），他就可以接受谈话，但仍然冷漠、机械和心不在焉。

通过这种方式，他可以保持自己需要的距离。如果他的对话者注意到了这一点，并提出解决问题的想法（你有什么问题？你在哪里？你在想什么？），那疏离型人就会由温和变成暴躁而且无助，往往会显得格外烦躁并伴有进攻性地回应："问这么多干什么？"他不知道自己身上发生了什么，即使他知道，那也和他人无关。"如果一个人突破了我的边界，我就会产生仇恨！"黎曼的一位病人意识到了这一点。

但有时候，正如黎曼指出的那样，侵略性也可以成为一种接触方式与解决手段。如果我喜欢某个人，或至少我对他感兴趣，但是因太害羞或太敏感而无法表现出自己的欲望，可能还要承担被拒绝的风险，在这种情况下，我可能会放弃接触对方的念头，用粗暴的方式来伪装这一心愿。虽然我被拒绝，但她不能（如此强烈）伤害到我，因为我是存心这么做的，我柔软可触的地方已经对此做好了防范准备。恶意的入侵不正是对于对方善意的“最佳”测试吗？有多少孩子说的“粗鄙话”可能是一个隐秘而胆怯的求爱？我们作为教育工作者，有多少次因为自己在敏感方面的偏见而未能听到“整个信息”？我们发现，即使是疏离者，在其接近其他人时，也会“安装”安全缓冲器来使交谈者忽略接触传感器的存在。

7.2 体系循环

很多时候通过最后的思考，我们的人际关系接近了，此时，疏离者很容易参与其中，更确切地说，他是通过制造联系的方式参与其中的。这里应该区分两种典型的循环：一个是让他越来越疏离的循环；另一个循环则经常会产生剧烈的亲疏关系动态。

在循环的言语表达中，人们被迫开始站在对方的角度上，开启违背其原本意义上的思维模式：疏离者以保持距离和轻微排斥的方式使循环运转。但疏离者必须告知自己：这种方式已经成为被分派给他的人际行为的一种反应，也许是因为他和大多数人有一点儿“不同”？这种“不同”是他的需求和能力，即在没有为了和谐和归属感而改变某些个人特质情况下的独立。

无论如何，许多人都会觉得他表现得很傲慢，也会在他表现出疏离，并以伤人的拒绝方式表明其不依赖于其他人就能处理好自己的时候感到恼怒。别人从他那里听到的划界信息的情况不计其数，“我与你不同”！这样可以少让自己感觉到被冒犯，因为对人与人在思维、感觉和行动上的区别，现有的认识还未能被很多人接受。如果一个人不对他表现出明显的敌意（这也可能发生），而是用稍许气愤和谨慎的克制来表露自己不想和他有太多的交集，则至少人们将永远不会产生想要信任他的想法。

所有上面提到的情形或其中的一部分构成了距离明确的氛围，这让他觉得自己不太受欢迎。因此，他在接触中感到不舒服和自我怀疑，于是试图在蜗牛的房子里找到他的安全感，并开始采取他独行侠的精神事业。

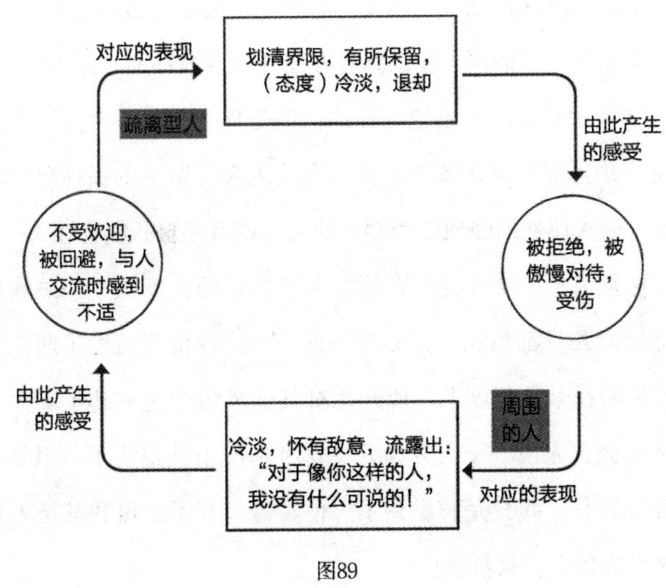

图89

现在让我们来看看许多人经历过的“经典”循环，他们曾经致力于建立一种密切的关系——高动态的甚至时常是戏剧性的亲疏恶性循环。

亲与疏这两种需求都存在于人类中：在这两种需求的复杂动态相互作用中，人际关系由此展开，而且经常会在这种矛盾的旋涡中消失。迷恋阶段，即由亲近需要塑造的最初迷恋，两人中的一人在一段时间后会变得“过于亲密”。他（她）一会儿愿意使“自己”与他人有所接触，一会儿又想在一段周围没有人的时间里在自己的床上睡觉，因为经常地待在一起引起了现在的“不适”。也许他会直接表达这一点，也许他会为了不让对方失望，暂时保持这种“不适”的感觉，或不让自己清醒过来。但无论如何，伴侣都会注意到对方在外部或内部的“距离”。也许一秒钟后和他的关系依然如此，但是现在“另一个人”已经出现，并且至少正在解决一位“亲近之人”留下的孤独恐惧的痕迹（很大比例的强烈依赖性、助人性或者是自我牺牲性）。

这是引自一个女性的言论（出于相近的立场）：“……我们非常相爱并且都想和对方非常亲近……这种情况持续了两三个月，然后在某种程度上，他开始对其他事情产生兴趣了。大多数时候会首先由一个人开始，在这种情况下他退出了，但是并没有告诉我，我只是感觉到了。他转身离开了，可我甚至不知道这是为什么。救救我！”

对于这个女性来说，她还保持着对亲近的渴望，甚至有所加剧，因为她（原则上也存在的）对距离的需求“没有做出反应”，但另一个人已经开始担心距离问题（没有感到满足的需求，甚至在他们的存在中永久满足的需求得不到承认）。她的恐惧和她对亲近的渴望使她如今去讨好另一个人，由此陷入了一种恶性循环。疏离型的人感受到迫害并被吞噬，他对依赖和自我损失的恐惧被唤醒，这让他逃离以获取更大的距离。这并不是说他不需要亲近，然而，只要他的伴侣如此热烈，他就无法感受到自己的依赖感。当亲密伴侣筋疲力尽、疲惫不堪、感情变冷时，他会突然改变，放弃他的“调整”并转身离开。现在疏离型的人可以再次感受到他的对立面，虽然这种感觉十分强烈并进入到下一个回合，但是以突然相反的角色进入的。

我们可以说：从外部印象来看，疏离型的人和亲近型的人好像结合在一起，但在仔细观察下，会发现它是分裂矛盾的极化，而两极分化在关系中会产生一种互补的心理分工。图90就说明了这种相互作用的机制。

合作伙伴N和D都有“绑定绳索”和距离固定的“缓冲区”。但是假设，D的绳索和缓冲区稍微长一些，会发生什么呢?

N拉紧的绳索会让他感受到对方的“束缚”，他的距离缓冲器相对（还）没有被触发，所以他觉得不需要距离。对此抵在他胸膛上更多的是能将其推远的力。D的感受则完全不同，在

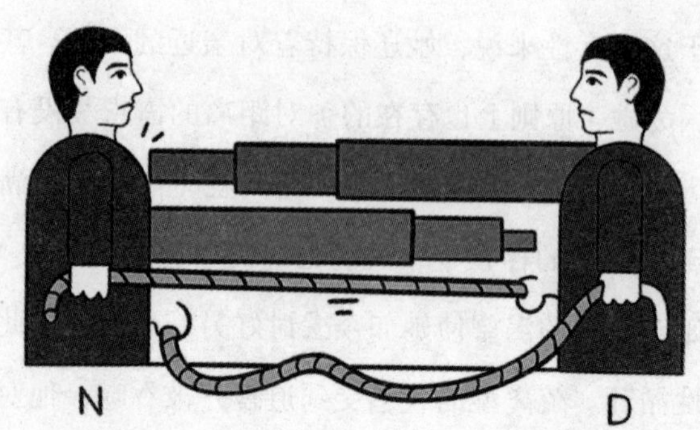

图90　亲近型伙伴N与冷淡型伙伴D之间吸引与排斥的机械概念模型

他的钩子上，他感觉到对方在拉他。与此同时，他的缓冲器反对并发出“保持距离”的信号。他没有感受到自己的束缚，因为他的绳索（仍然）是松的，而且他的同伴显然完全没有对距离的渴望，至少没有感受到有缓冲器！

当N的绑带被撕裂并且N被移开时，整体的画面会突然改变：D的绳索突然撞到，而他的缓冲器却扑了个空。在舍勒进行的调查中，无论是在相同的关系中还是在不同的关系中，人的近距离位置经常是不稳定且变化的。因此，个人的立场也是关系动态的结果，绝不取决于其个性。

让我们仔细看看感受和行为的动态相互作用，这构成了近距离的恶性循环并使其继续发展。以下引用会表明大多数是涉及男性。顺便提一下，在这个样本中（年龄在25到35岁之间的男性和女性），性别和亲近距离位置之间只有很弱的相关性。

在同一种关系中经常进行“角色转变”是几乎不可能的。通常情况下，疏离型的人会感受到骚扰并在其自由的自我中受到威胁，而另一个人想要从他那儿得到的越来越多。他要如何表现才能赢得距离呢？在直接接触中他是有牢骚或是沉默寡言的，内心会心不在焉或烦躁不安，对此他也难以看到情感和关系问题中其他的东西。如果不让他独自安静地待着，他就会变得异常冷漠和讨厌：

在谈论关于我们的过程中，他把事情都扔到我这里来，批评我还如此怀疑我，这真的消耗了我的精力。

总的来说，他倾向于自我中断和减少接触，遗憾的是，现在几乎没有时间，因为他越来越忙于工作和其他事情，所以他的耳边充斥着很多东西。伴侣对亲近的愿望遭到了“好的！但是”的反对，但这种情况不是经常有，而且也没有那么持久，也不是那样激烈。在消退后经常会再次和睦相处：

然后我们会慢慢地再次走近，热烈又紧密地在一起度过一两天之后再次结束这样的亲密关系。

这种中断（然后再次结束）也可以在接触中进行，在熟悉和亲密的时刻，当它恰巧真的“濒临美好”的时刻：对亲近伙伴的明朗天空来说是非常突然和出乎意料的，疏离者会转变情绪，就好像他必须紧急刹车一样，例如一个令人受伤的意见或者一个讽刺和挖苦的评论：

> （女）有时候我们完全一致，然后，十分突然地就遭遇了阻碍。

亲近的伴侣总是对他的需求不满意，他几乎一直在用“关系耳朵”接收消息并觉得“一切都是以……开头的”，就像一位当事人所表述的那样，被派遣、被解雇、被拒绝。所有的生活情感都和自我价值观念一起“流失”了：

> 是的，这是十分令人受伤的，这段经历让我想要从其他方面获得一些东西，但是他把我挡了回去。这样的情况有千百次，这真的是每一次体验，每一次都有新的感受，我觉得自己不被对方喜欢也不被对方爱着，然后我一直都从自己身上找原因。我从来没有像现在这样憋闷：我有抑郁的倾向，甚至不知道该怎么做自己。

或者像是在另一个情况中：

我就像一个纠缠不清的人，只对他还有着依恋。当他起床拿面包，如果超过了三分钟，那我已经在脑海中再次预想了一次完美的分离。因此我从床上大汗淋漓地坐了起来。那太可怕了，我连他到门口去都不再相信。

通常，沮丧和自我怀疑有一个隐藏缺陷，即对于疏离型的敌意，人们不得不听任这种人如此伤害自己：

我也是第一次承认，自己对这个烦人类型极其反感以及愤懑！因为我是那么容易感到孤独！

毫无疑问，亲近伙伴的内在状态，即绝望、渴望、受伤、愤怒、激动的情绪混合在一起，被描述成了纯粹的地狱。是什么推动他们坚持和忍受了如此长的时间呢？有三个比较重要的理由：一方面是出于伙伴仍能在某时转变为真爱的希望；另一方面，随着时间的推移，亲近伙伴已极度不堪疲惫，处于一种自尊心受损的低落情绪中；除此之外，通常他根本无法鼓足勇气与其切断联系。偏偏在这种心乱如麻的状态中，对孤独的恐惧也会更为强烈。

最终，在某些情况下也会发生以下可能：假如，亲近伙伴“原本”就是疏离者，其眼前遇见的则是一个更强调距离感的人。于是，他终于有一次可以觉察到自身“没有拉紧手刹”的那一面，同时也感觉到这一面正几近达到任意发展的程度。渴望得到了翅膀，强烈的追求可能会由此展开，所有人都会跃跃欲试——矛盾不在于对方完全不肯委身于他的方面，而在于他这样做了。通过保持安全距离，实现这样一种可能，即仍能在痛苦中激发出关于他的强烈激情和欲望的愉快体验：

> （女）我第一次遇到如此强烈需要自由的人，也是第一次对想要的东西感到极不满意，却还颇为强烈地感觉到我的爱意，这是我之前从未感受过的。

亲近伙伴这时会作何反应？当然，根据他的需要，所有触角都在对准伙伴，失望都写在了他的脸上。他会用他的需求来对质拒绝，无论是谦卑的恳求还是强硬的要求。他会对伙伴的不道德行为和沟通无能的弱点进行指责，以此来不依不饶地纠缠对方。他会试图侵入对方的内心并对其进行研究：在她的内心深处可能发生了什么事情？她不喜欢我吗？或她只是害怕吗？还是她本就是这样？

当亲近伙伴意识到自己所有的坚持只会将对方逼得进入防御和撤退状态时，他就会经常在“真诚”和“策略”之间来回地自我拉扯，并对他的行为感到害怕和极其在意沟通效果：我该怎样做，该表现出什么样的态度，才能使自己和对方显得更加亲近：

其他人警告我说，我完全改变了，当她在身边的时候，我的行为完全与她保持一致，我所说所做的让我非常非常焦虑。我父亲认为，我只是一直在害怕而已。

我现在必须怎样做，才能摆脱这样的局面，让她再回到这里？一直是这种我感到非常糟糕的恶性循环，使我在这段时间里忘记了自己，以至于当她在的时候，我就只是专注于她，而不再关注我自己，我自己的想法和方式全都不见了。

于是她出现时，我会表现出防御的姿态，有时我也会强迫自己尽量拒绝。我认为这完全是一个糟糕的游戏，即使是想告诉她自己愿意同她在一起，我也还是做不到。

我一直在思考，我要怎么做，才能得到我想要的东西。这时总是理智在起作用，不再有刚才的情绪。我觉得，情绪会在某种程度上毁掉全部真诚。

如今，或通过有意的战略（短期内能够运作），或通过在半意识的支配下不安地与之靠近，在这两种情况中，亲近伙伴迷失了自己，让自己成了附和者。

但是在这个范围内，这种依赖并专注于距离伙伴的方式，使其在不适以及本就潜在的防御下强化了自己：

两年后我发觉，我对于她这种感情上的完全依附感到厌烦。

疏离伙伴感觉自己被强迫、缠磨、压榨、围困和束缚。与此同时，他的内在防御也会出现不良后果。正如人们所说，“美存在于旁观者眼中”，相反情况也同样适用，如今同伴对他没有了吸引力，往往都是些没多大意义的坏习惯或者特征（例如，吃饭或握手的样子；让人不能理解的一些表达；如何穿着打扮；其气味或者持有的观点），它们不只是被列举的疏远的理由，实际还是感知到的理由。这些过敏反应也会为恶性循环创造推动力。在疏离伙伴使亲密伙伴被自己的错误“撞到头”后，他会试图使其变得正确，并迅速由此激发出一个新的且绝对亲密的过敏反应——你什么都得听我的，这使我想让一切合乎心意。在这种情况下，双方都会陷入“独立悖论”的陷阱中，疏离伙伴劝说对方，出于自身的指示和愿望为自己做一切事情，不去依赖他人。现在，亲密伙伴陷入了荒谬的陷阱，当他尝试遵循这个建议的时候，这种对于独立的追求还是会缺少自我推动力，归根到底这种努力还是为了取悦对方。而如果他抗拒这个建议并强烈显示他的独立性，他就会处于依赖状态。

但即使没有出现这些状况，亲密伙伴的亲密性也足以使他在另一个伙伴眼中变得没有吸引力：

> 和我的优点相反，他的缺点在我脑海中疯狂闪现。我确实会幻想出一些片段，他紧紧地抓住我不放，总是一副弱小而无助的样子，而我只能一直是强者。现在我并不能很准确的表达，但是我会有这样的想法，即眼下除了光辉和魅力之外，他什么都不能给我，他什么都不是，简直是一只迷茫、无趣的小动物。

疏离伙伴格外紧张是来自亲近伙伴一再推进的尝试，对这个方面进行交谈：

> 每当我想要谈论关于我们之间的事情时，对方总

是神经紧张。

（女）我认为如果有人带着这样一副面孔到处乱跑并没什么不好，对其他关系来说也是，因为在关系中有一些干扰因素，他现在是想对这些因素进行解释，可我完全不知道，他想极力解释的是什么。

他开始酗酒，一再地给我打电话、送鲜花。这些都不是我想要的，他一直想要讨论所有的事物，讨论——又是讨论，然而我不能也不想和他进行讨论！

另一方“不再”想谈论，这使亲近伙伴尤其不满，因此就有了心理逻辑中的恶性循环（谈论意味着联系和接近），亲近伙伴如此催逼，毫无疑问，疏远伙伴还是拒绝。这对心理咨询也同样适用。亲近伙伴大概一直这样建议，而疏远伙伴却几乎一直在拒绝：

一直以来，我心心念念的就是和我的女朋友一起做一次情侣咨询，因为我认为，这里面存在某种能对我们关系的幸福与痛苦进行掌控的运行机制。

对于疏离伙伴来说，有其他令他感到不适的理由。他必须给出自身的回复，但是他发生了什么？有时候他自己也不知道。他所感觉到的只有对他人不必要的伤害与冒犯，以及让他们失望。也许会产生这样的结局——他再也不想要这种感觉了！或者是“哎呀！感情的事实在是太难了”。他或许真的“沟通无能”，就像伙伴多次谴责他的一样。以下句子给了疏离伙伴在感情世界中突出的认识：

> 我发现，我非常外向，因此我做了许多事，以维系我和老朋友以及老熟人之间的关系，此外，我还做了许多别的事。结果是，佛罗克很少和我一起做什么，后来我渐渐不再这样了，对于这条格言的解释越来越多：我在你身后追逐，奉献自己，然而你却没有任何积极回应，你只看得到别人！你从不会想和我一起做什么！

> 因为总会有人指责我并列举出我做错了什么以及我没完成什么。一直以来，我都有一种必须忍受这一切的感觉，无法从我的内疚感中走出来，也无力保护自己：如果有人始终以情绪化的方式带着他所有的不快反复践踏和捶打我，到了我这里无非只有软弱迁就的可能。事实上，这已极大地扼杀了我的自尊心。

我是一个很难释放情绪的人，而有的人觉得生气的时候就会极其自然地生气，觉得委屈时就会哭闹一会儿，而所有这些佛罗克本来就做得非常好。我的脑海里经常会出现一种虚空，我什么都感觉不到，而我只是想着——她是对的，她是对的——并随着每个“她是对的”而越发伛偻渺小。我实在无法解释，我为什么需要这个自由空间。

当然有这样一个阶段，我必须要诚实地对她说：“哎呀！我现在一点儿都搞不懂，我到底在乎你什么！”但我始终不敢这么做，我无论如何都无法启齿。然后，在这种情况下，除了我的辩白，我无法向她提供任何其他东西。

在某种意义上，我（防守角色）被认为是强人：是的！谁也不能把我怎么样！但同时，这也令我感到伤心，因为她对我说：“你做错了，因为你就是这样！”由于不想被贴上一个无沟通能力的标签，所以我也受到了部分影响。她不断升级的情绪发作有时会驱使我又一次砸碎盘子，这让我感觉到极大的舒坦与无畏，同时也激发了我对自己无力的愤怒。有时我觉得，她将我的生活变成了地狱。

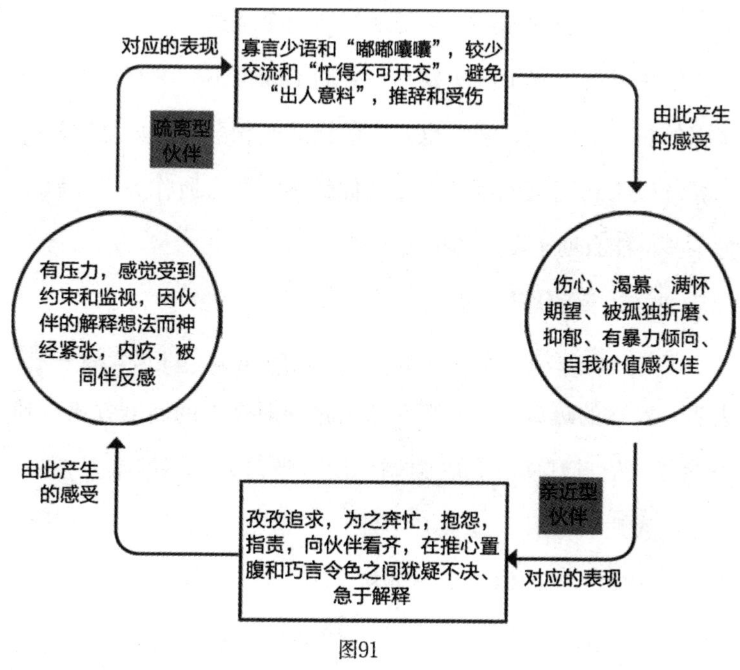

图91

对于每对夫妇来说，这个恶性循环看起来可能会有所不同。基本模式使对偏差的识别成为可能，由此可能发生一些事，例如，疏离伙伴会在第三者关系中履行他的亲密愿望，其中事实情况可能为之提供足够的距离（如第三者已婚，并住在另一个城市等）。或者他参与了自我体验小组并由此体会到，在不受任何约束的关系环境中，他在家里“错失”的那种情感强度。

当你看到并意识到这一切时，问题就会浮出水面，你如何走出这样一种恶性循环，甚至最好能完全绕过这个循环呢？在不弄湿头发的情况下洗头发吗？人们不能也不应该有免除这些步骤的想法，即便是爱情也有它的初期问题。可是如果这样一个循环以不朽的沉痛延续多年，你就一定要有所作为了。以下是一些可能有助于发展的想法。

（1）对亲近伙伴的建议

第一，不要用“关系耳朵”去听，而要用“自我表达耳朵”去听。对你的疏离伙伴不要采取太过针对个人的回避方式！其中隐藏的信息其实不是在强调你没有吸引力，不够惹人喜欢，而是在表达一种对（过于）受制于自我表达的恐惧。这种认识不会从根本上保护你免受伤害和委屈，但它可以在一定程度上减轻痛苦。

第二，疏离伙伴偶尔逃跑其实是一种尝试。不要轻言放弃——也许你的疏离伙伴是真的“无交往能力”，不过这暂时还没完全得到证实。也许他必须在穿过内心障碍之后才能进入最后一个直道，而这里的路障都是由往日的失望和创伤造成的。可能有一些障碍看起来过于危险（就像人们可能会陷入的深沟），甚至使他只能在它们面前勉强挪步。虽然你看到他逃跑了，但他可能不过是为了跑回去重新尝试！这是一个完全无意识的过程，面对质问他自己也无法解释。

第三，不要进行心理分析！不要根据这些知识，就开始寻求对疏离伙伴的诊断和精神分析！这对你来说没那么容易，虽然你希望能够发现并转动在他心底起作用的那个齿轮，但即便如此，作为“心理侦探”的你会再次感到困扰，因为你的方式只会唤起新的防御，加强恶性循环，而不是阻止它的运行。

第四，不要按照你自己的使用说明进行治疗！不要产生这样的混淆：所有人都是一样的，你的伴侣想要的也和你基本一样——为了让他自己也注意到这一点，人们就需要来解救他！其实他与众不同，有着不同的需求，而且永远都是如此！因此，对他来说，独处的意义要比你所认为的更大。

你可能倾向于以你喜欢的方式对待他。例如，他是不是不太舒服，或者他的心情是不是不好——这些近乎搂住他的肩膀发出的同情的提问，可能正是你为他设身处地做的好事！但从另一方面来说，这可能就是他现在做不到的事！

第五，不要进行机巧的自我否认！了解并尊重这些差异，并不意味着一个人的自身行为只能符合伙伴的特有风格，只能以此估计最佳效果！相反，你要坚定不移地保持属于自己的一切。如果你感到强烈的个人需求，那就不用极力去做他人眼中“正确”的事。当然，请你给对方安静和自由的空间，这种程度是你能做到的，不要否认自己，也不要表现出比此时真实的你更豁达大度的模样！虽然，正如你可能已经发现的那样，通过机智的策略可以设法达到自己的目的，例如当你不理他的时候。

于是关系盒子便会叮当作响，一些情绪也就混淆了，而盒子里的内容依然保持不变，真正的发展阶段尚未完工。

第六，自我发展到自治。这个真正的发展阶段不能由你为他完成，只能是他自己完成。有了你，他正朝着自治的方向前进。如果你了解自己的内在价值以及独立掌握和享受生活的可能性，而现在"偏偏"找到了这样的一个疏离型伙伴。作为心理学家，我们认为这里从来不会"存在没有来由的纯属偶然"，而是做这个选择时你的无意识在作祟而已。也许神秘感就在于，这个没有簇拥在你身边，也没有对你一直嘘寒问暖的伴侣，用这种方式将你拒之门外。由此你将这种方式引发的危机理解为发展机遇，并接受了这个挑战。鉴于这个方面，如果你把自己看作一个"困难案例"，那么你最好还是寻求专业的帮助！

第七，分离和责任。也许过了一段时间或是过了更长时间之后，你发现你的耐心已经消失殆尽，你不想也不能再继续等着从伙伴那里得到你所寻求的东西。如果有可能的话，在这之后你会试图获得和他分手的勇气。否则，你就有可能面对情感饥荒，并且将你的人生苦难归咎于对方。（是对方毁了我的生活！如果对方正常一点儿，那该有多好！）相反，如果你留下来了，也没有和他分开，那你就要对这个决定承担责任！是你决定和这个伙伴在一起生活的。在一切失望中绝对有把握的就是，你还是会有充分理由和他在一起的。

（2）对疏离伙伴的建议

第一，研读对亲近伙伴的建议，因为它们也会影响你！

第二，认识到两极化和授权。请记住，在这个让你带着这种约束性和占有欲去密切关注的伴侣身上，体现出的可能是你希求的但目前已授权给伙伴的亲密和互助元素。

第三，识破自己的诡计。你对他有太多非议，这可能是一种内部防御措施造成的结果。你对保持距离的需求不是他缺乏吸引力导致的后果，恰恰相反，他的吸引力缺乏是你的距离需求造成的。

第四，划界接触。当你需要很多时间恢复情绪，正处于从沟通中撤离的状态时，如果沟通让你感到筋疲力尽，那你应该没能在沟通中很好地划清界限，并因此而感到过度劳累。也许你觉得自己显露出的迹象要比自身情绪状态更友好、有趣、言语丰富或更矜持、有礼貌、深情、健谈、体贴。可能偏差只有微小的意义：随着时间的推移它会耗费诸多能量，并且以退回到孤独一人的状态作为解救方案。如果是这种情况，你应该重新校准指南针：只要你承认自己的沟通能力有限，并按照自己的底线与边界行事，不再总是给自己强加新的约束，不久你就不用再以退缩来保全自己，并张牙舞爪地捍卫个人领域边界了。

第五，彼此交谈。关于令人不愉快的观点更要如此，不要像你经历问题时一样，畏惧谈及伴侣关系中的麻烦问题。你的伴侣在你三言两语的疏远中所经受的痛苦，会比进行使其为难的辩论时还要多。如果你的伴侣建议寻求心理咨询的话，请不要直接驳回！至少，你可以在那里和对方一样有所受益，因为你在处理内心的过程中会获得帮助，而你了解或猜想的东西，就是你容易出现问题的地方！

第六，请勿按照你自己的使用说明进行治疗。对亲近伙伴的这一建议也适用于你。也许在你看来，无论是对方还是任何人感到不适，都最好不要管他，甚至不要征求他的意见！可能，最安心的其实是你，但有些人是不同的，他们需要接触、爱护和争论。

第七，自身发展，而不是变得独立。少做一些事情能加速伴侣的发展进程，这对你来说同样适用。有时，无论你多么希望对方更独立点儿，少依赖你点儿，想让其独立活动的范围得到扩展，但对你们两个人来说，这其实是一个危险的陷阱，你向伴侣建议的越多（“再变得独立一些”），他就会有陷入一种灾难性双重关系的危险。他越是试图让你满意，越是转而投入到独立活动中，他就会越退避到依赖中，因为他是为了取悦你而变得顺从听话的。然而，如果他做出独立的反应并拒绝说出这个善意的劝告，那么，他将继续以一种矛盾形式依赖下去。这是一个难以解决的困境，而且很多已婚夫妇都被卷入其中。

因此，对于你来说也是如此，你只能实现自身的发展。你面前有哪些方向呢？这就是下面的内容了。

7.3 个性发展方向

角色关系的明晰度是人与人之间的真实接触。在工业和商业领域，保持人际距离的能力被证明是一种优势。疏离者绝不会有任何一种要减少距离或快速建立友好关系的意图，这使他免于进入人际关系的纠葛中，即那种不同需求的清晰界限很容易被掩盖的纠葛。然而，一旦他触及其中的一个敏感点，陷入了和情绪有关的困境，他就会变得难以捉摸。由于缺乏处理感情的经验，他会做出一系列反应，如高度谨慎或咄咄逼人，有时简直是孩子气的。但在通常情况下，他是就事论事的，即使身处困境也能保持冷静的头脑。处于领导角色中的他，会经常出现不平易近人的危险。另外，他也获得了一个好处，即“高处不胜寒”的孤独感是没那么容易体会到的，这种孤独感会导致他有意掩饰自己的领导角色，从而在角色关系中使这一角色得以扩散。我们必须花时间来学习人文心理学所强调的，诸如“伙伴关系”“合作”和“人与人之间的真实接触”等价值观。在这类口号下，许多主管都开始避免对自身角色的坚持，也开始逃避对他人明确回应的决策。所以如果我们从一开始就在辩证结构中看到并传达出这里讨论的价值观，那么我们就不会被误解了。

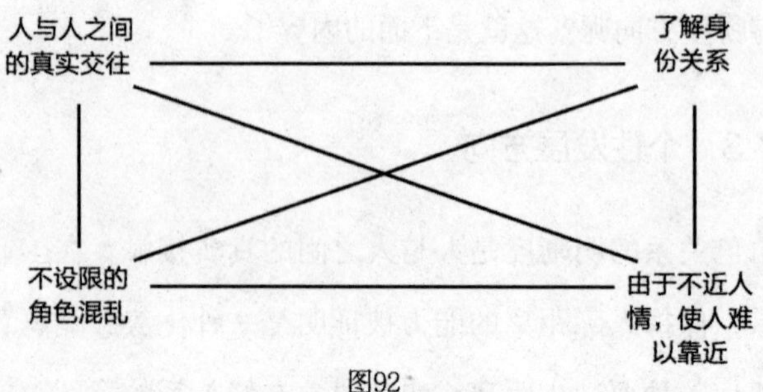

图92

如果合作伙伴关系与角色关系不对称却互补，并且对主管施加不同的责任而不是对员工施加不同的责任的话，那么与合作伙伴关系的强调只能在等级环境中有价值。在这方面，面对陌生的人比熟人更轻松，因为他不会因为生活而处于必须取悦所有人的压力之下。在这种决定性的时刻，他可以用“不”来抵制诱惑，而不是为了取得和谐而屈服，并做出仓促的让步，以免伤害对方。而这些冲突事实证明，决策能力确实是由有价值的（正如所有人类的倾向）社会背景所决定的。然而，以这种方式所做出反应的能力是社会能力基本水平的一部分，并且仍然难以获得“亲近的人”的评价。

（1）大方交往与适度克制

在过去的二十年里，正式的交流和刚性的强迫性质的交流在工作与生活方式中都发生了很大的变化。“你必须变得更轻松！”伴随着这样的话，一个学生在20世纪70年代初来到我这里寻求帮助。我惊讶地打开了我衣服的第二个领扣，就像我们的教授可以“搞定”一样。“如果你愿意的话，你可以打电话给我。”

当这种缺乏安全性和与之接触的社会原因没有消除时，这些都是十分必要和有用的。第二个领扣的开启给了我推动自己摆脱各种僵局的动力，我觉得很多人的心理性束缚，是由于社会化的副作用，阻止了他们更轻易地反对他们的同胞。一般来说，“关系水平”可以符合“连贯性”的标准。当这种关系不仅以私人友好共存为特征，而且以反对和竞争、权力和依赖为特征时，表现尤其如此。

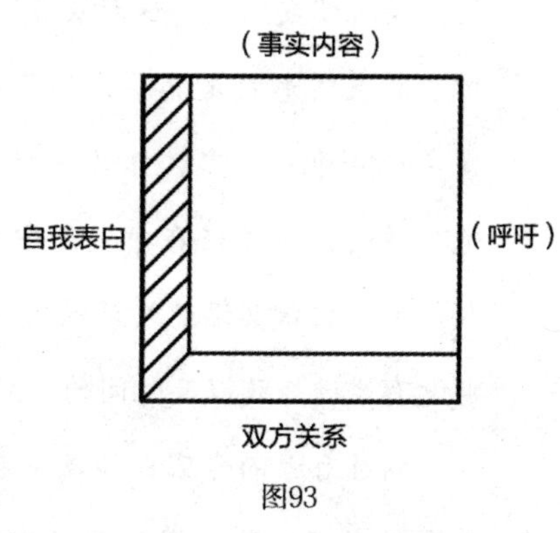

图93

在与经历了这两种社会化，即情绪化和亲密性的同事接触后，心理学家和组织顾问卡林·D.拉恩写道[①]：

> 我第一次发现，我们都具有社交能力，这是危险的：我们可以迅速建立联系，任何人都可以随时谈论

① 个人通信，1985年。

他的感受并参与进来。他们可以建立信心，并迅速执行他们的工作。我注意到，当我这样做时，我是错误的：我从朋友出发，这种关系是中立的，富有情感的，但它的表达形式是非常亲切和直接的。真正的关系在当今社会难以确定，你必须非常仔细地听。双重谨慎是合适的，不信任在推进或中立阶段必须延长，因为人们不能相信其迅速发展的关系。它并没有实质内容，也没有经过经验以及时间的发酵。

训练有素的专家在涉及关系的时候都是很诱人的，也因此存在危险。假设有任何关系取决于关系，那么如果可以互相伤害，就会产生利益冲突。因此区分朋友和敌人仍然有意义。

通过想要克服对接触的恐惧，人文心理学已经将应该实践的内容提升到规范，从而提高了与副作用的距离。然而，一个易于理解的接触能力必须包括两种条件：接近和距离，以及介于两者之间的所有阴影，以便处理和说话的方式仍然符合关系的真实性。

（2）亲近的人的语言

在知道了疏离型的特点并认识到他们在潜在价值中的地位之后，也就到了关注其发展潜力的时候了。在消息维度的结构模型中，在自我表达和关系层面中展现了一个补足的需要。

这意味着要学会倾听自己，毫不犹豫地表达正在发生的事情，向他人敞开心扉，让他们洞察自己的内心世界。第一人称信息的“发明者”并不是不了解客户的距离，有时它会非常清楚地感觉到发生了什么事，但它不能表达得很糟糕，对于它来说，内心的感知仍然是分散的和无差别的。通过加倍的技巧，澄清助手可以通过同情将暗示和抽象释义转化为心灵的语言来发挥作用。对此，疏离型的人可以通过学习自我对话并且越来越多地表达其感受来发挥作用。

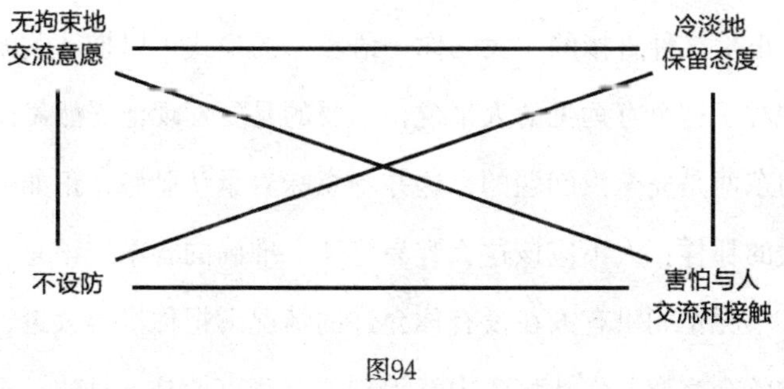

图94

示例：在教练的沟通课程中，一位参与者希望变得“更接近”。其背景是他的妻子一再地抱怨他无法理解她。我对实验的要求是表明他想对群体中的某些人说些什么，所以我们在这里可以尝试“接近语言”。

参与者：“好吧，我从W先生开始（短暂停顿），面对W先生，我可以畅所欲言，不必那么拘谨。”

在询问说完这句话内心的感受后，他回答：“有点儿心悸。”我评论说：“这已经朝着‘接近语言’的方向发展了，因为你已经暴露了自己并选择了一个特定的人，因此也就表现出了你个人的心悸。”

经过漫长而艰难的等待，这个消息以最终的形式出现：“我喜欢和你在一起，因为我的印象是你不想马上谈论亲密或严肃的事情。那会让我很不舒服，我会立刻痉挛起来。这种情况经常发生在我与其他人接触的情况下，但与你的情况不同，我注意到了。”

正是这种直接的“我—你—语言”的模式可以推动关系探索。对于这个有远见的人来说，重要的是要发现他突然暴露出来的东西是完全没问题的，这并不意味着承认耻辱，正如他经常做的那样：人不应该这么容易痉挛。准确的答案应该是：为什么不呢？如果有人在没有你允许的情况下把你推得太近，那么你就会痉挛，你从痉挛中意识到，有些事情是不对的，至少你我还没有到达这个程度。

（3）共情和诊断接待

接触的共情模式特征在于努力感知和理解对方的主观体验。相关的识别产生了很多亲密关系，并且需要有愿意与他人交往的意图。另外，一旦接受诊断便建立起了主客体关系。而诊断接待模式是从外部客观地观察和评估，而不是经常被分析和揭露。结果，疏离的人便能够成功地保持与他的同伴以及人群的距离。

对照前面的示例：丈夫回家了，他的妻子告诉他儿子在学校的成绩不好。以下示例显示了不同的接收设置是如何在对话中呈现的。

共情

丈夫：听起来你现在真的很担心。

妻子：是的，我在想，如果他不能完成学业，会发生什么事？人们不想因为必然发生的事情而受到责备。

丈夫：你确信？我们现在的反应很大程度上决定了他的未来！

诊断

丈夫：那又是你的过度焦虑，如果你不担心，那么你会让自己做一些事情！

妻子：是的，如果他没有成功，他会怎么样？

丈夫：因为你付出了你作为母亲的巨大的精力，你的儿子肯定会长大的，你在他出现第一次小失败时就陷入了恐慌，那以后该怎么办？

对于疏离人群而言，人类的共情方式是一个重要的发展目标，积极倾听是一个很好的练习。在一个婚姻咨询中，妻子抱怨丈夫对她缺乏了解，但丈夫惊讶地回答说他很了解她。澄清助手（KH）向该男子给出他对妻子所发生事情的理解：

KH：那么，我建议你把你的椅子放在你妻子面前，说出你到目前为止对她的理解。她是怎么做的？你相信什么？她内心发生了什么？她说的是“我的丈夫没有理解”。现在让我们尝试这样的练习：到目前为止，你对她的状况有什么了解，她的内心是如何的？

男子：我为什么要告诉你，我只是想说清楚，我们之间到底发生了什么？

KH：是的，那就是你所看到的——从她身上看到的。

男子：现在我应该把自己放在她的表面上？还是她的内心上？

KH：内心上。

男子：我必须喘口气。

KH：是的，得慢慢来。

男子（开玩笑地）：你有没有酒？

KH：我不能给你那个。这对你来说是一项艰巨的任务吗？

男子：是的，是的！我不知道我理解的是否正确，呃，我应该告诉自己我对她的看法或她对我的看法吗？

KH：不！你需要说你的妻子如何看待这种情况以及她对自己的看法和感受。

男子：这就是你想要的！

KH：不是我，而是你。

男子：我的妻子——我的妻子是一个善良的女性。

KH（停顿片刻）：现在告诉我对你妻子的看法。当你直接对她说："艾娜，我了解你，你最近经常感到沮丧。我知道，你一直在振作，就像我否认我一直在喝酒一样。"

男子：嗯，我知道我多年来一直滥用你的信任，我知道你是怎么想的。

KH：就是这样吗？

男子：我通过你加强对我的控制来滥用你对我的

信任。通过观察我喝酒以及酒瓶在哪里，如果它立在那里，你就把酒瓶从我身边带走，并试着告诉我真相，其实我已经欺骗了你。

KH：好！现在你列举了不同的行为。你能不能试着坐在你妻子的椅子上思考，在她的内心中想要控制你什么？

男子：那么我必须从我的观点再次开始。

KH：不，从你对你妻子情况的了解出发。

男子：我的妻子除了想与我和睦相处以外，并没有别的想法。当我与她的想法相反的时候，她会变得格外沮丧和虚弱，并且在各种各样的事情中感到头痛和疼痛。然后，她会生活在一种紧张的情绪中，而这种紧张会影响她的全部日常生活。她对于我所做的一切都感觉头痛……

（4）划界和连通性

让我们谈一些不再直接影响沟通的部分，一些更具基本层面的部分。他们在伙伴关系方面公正地履行其发展的双重使命：成为一个独立的个体，并在不牺牲另一个人利益的前提下进入爱的联盟：

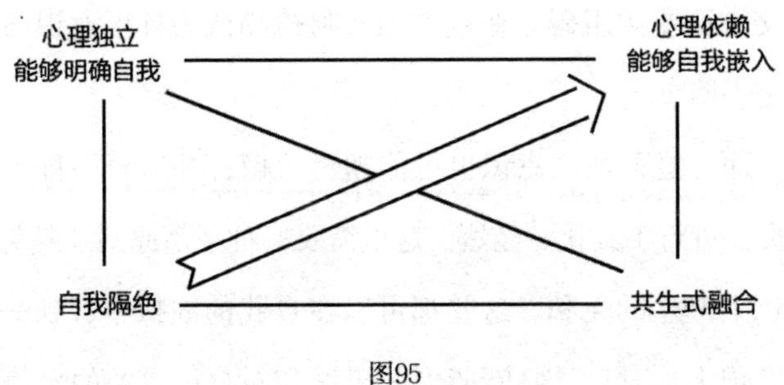

图95

图95的价值与我们所知道的自我主张的积极性以及自我风格的投入密切相关，由于有一个交叉的发展方向，它应该以不同的术语再次列出：

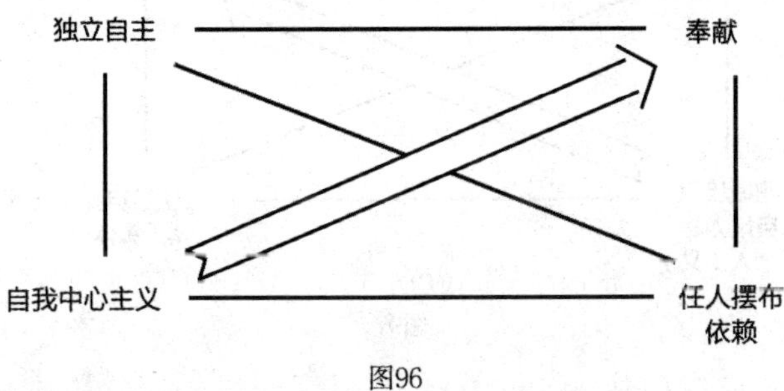

图96

当我们采取称为“我们”的态度时，它便被赋予了不同的意义，阿尔弗雷德·阿德勒将其称为“社区意识”。这个有点儿模糊的术语意味着在共同利益中与他人合作的意愿和能力。因为那种因自卑感而陷入困境的神经质的人将他的精力束缚在他对自己价值的关注上，因此，就像他自己的灵魂一样，他在融入社交方面受到阻碍，在这方面，阿德勒认为社区意识与心理健康是一回事。

然而，这种社区意识也可能超出价值，并对每一种意识形态的类比进行工具化。显然，这里需要一种平衡原则来避免在社区意识上产生的无私。这些都可以在自我的固执中看到——在自我意识上，对自己判断能力的忠诚和对自己良心的价值标准高于对集体的“忠诚”。但如果它不符合阿尔弗雷德·阿德勒提出的社区意识，这种固执也会沦为以自我为中心的顽固性固执。

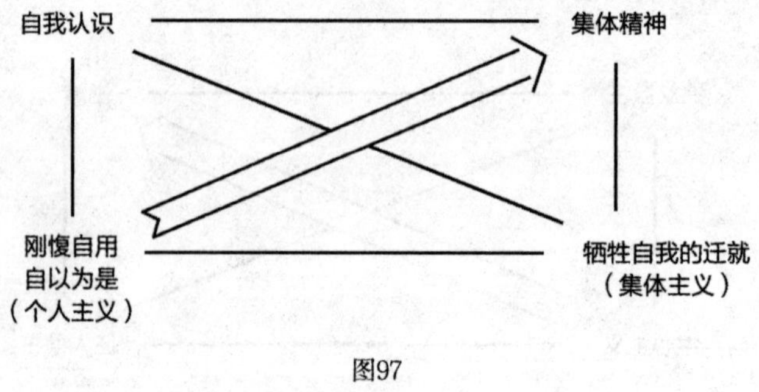

图97

（5）疏离者的自我体验

现在，我们在这里要讨论的是，人们是如何感受自身发展愿望的（其中有许多人，尤其是男性和从事技术专业的人员），他们可以自己前进吗？偶尔人们会这样问：“有没有机会为自己做一些事情，比如一些自我训练的方法？”在提出的问题中，人们倾向于在选择补救措施时使用旧模式。由于亲密和同理心有关，治疗必须创造出一种和谐的人际关系。这再一次证明了个人发展的原则：冒“客场比赛”的风险，但需要酌情选择剂量，以便可以容忍陌生人和焦虑。

在自我体验课程中，治疗小组和交流课程中发生的大部分事情都与这种“远离家乡”的角色相对应。唯一的问题是，高级别的人不愿参与这样的事情。如果是这样的话，那对方就极其不情愿以及怀疑：“领导者不仅要尽可能多地从一个人那里获得更多的东西以便更好地理解一个人，同时还必须独自整理获取的信息。”

研讨会中受人欢迎的领导艺术分为语言和行为两派，而不是单单以赞美参与者作为其他人的光辉榜样来做参考的，特别是疏离的参与者需要别人来发现自己心里的所想。理论模型讲座通常是一个很好的辅助工具，可以让他们参与到这样的事情中来，通过这种方式可以准确地了解情况。

自我意识是一个摇摆不定的理由，理论是其特有的框架。我总是惊讶于顽固的管理人员、技术人员、医生、律师、商人和计算机专家都是在准备好了之后，才进入这个陌生的领域让自己受到感动。在这里极为重要的一点是，我没有对他们施加任何压力。

在这里分享一个研讨会中的例子。在第三天的一个下午，前一天曾与他的一些同事以及部门负责人非常积极地参与了这个过程，他用愤怒的话语开始了会议："这个解决问题的机会让我开始清醒了，我只是说，如果我今天没时间，那么这个讨论如何进行下去！"我该如何做出反应？"天使的舌头"说出来的话是这样的："昨天你在你的小组中受益匪浅，就像你自己说的那样！难道你不认为在今天下午你会有一定的注意力和良好的意愿来为你带来一些新东西吗？"糟糕的回答是用"道德"来绑架"天使的舌头"，就像这样："昨天我们以极大的奉献和耐心专注于你的案例，难道你不认为现在其他人也有同样的权力来期待你的积极参与吗？"这样的句子会自动忽略那些在闷闷不乐的言语中表现出来的心理现实。他所处的状态是什么？这与前一天热烈参与的"永恒共存"表述有关，这个参与者虽然没有"距离"，但现在他却受到距离的强烈影响，因为这群人和情感的安慰对他来说太过分了。

该猜想由以下对话证实。我说："我建议你暂时关注这个问题：如果一切都取决于我，我将如何过完今天下午？如果是我，我不会待在这里，但我会去餐厅，点一杯咖啡，并将我的日记本和其他文件都放在桌子上，然后在那里漫无目的地坐着。"

片刻犹豫之后，他决定离开。两个小时后他回来了，时间对他有好处，现在他开始重新建立联系。在剩下的时间里，他不仅在场，而且还具有了参与性和开放性。

最重要的是要知道与疏离的人接触的方法是不会直接发生的。

因此不能通过直接“拉动”，而应该通过“绕行循环”来促进关系。我对这些研讨会的研究表明，具有显著不同的参与者通常会在其个性方面受益匪浅。特别是他们的报告显示自己会更多地与亲人接触，结果他们有时会情绪高涨，但总的来说，他们的遭遇和关系变得更加丰富和深刻。

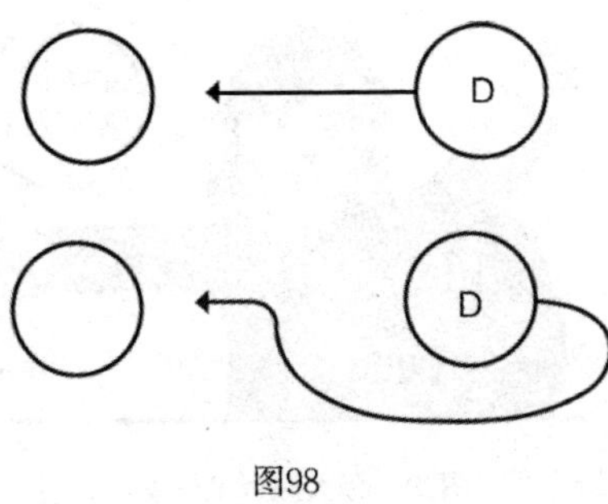

图98

第八节　夸大倾诉型

8.1　表现形式、基本信息和心理背景

在本书的最后，我将描述在这种趋势的影响下，我们自身为何会很少出现过度揭露自己的倾向。这一趋势看起来存在以下相反特点：我们会在它的作用下变得特别健谈，且有着很强的情感表现力；享受听众的围绕，以近乎自我表演的方式将他们吸引到我们身边。

当有这种性格倾向的人在场时，大家很少会感到无聊。因为，那里总会发生一些趣事——如果没有的话，他们也会不遗

图99　夸大倾诉型的基本姿态

余力地使气氛活跃起来。之前提到的那些理性至上倾向的人与情感强烈的他们截然不同，他们丰富的表现力与那些固执呆板的人，以及那些一直以理智示人的人，都形成了鲜明对比。他们经常半抱怨、半取笑的回应：“不要总是那么敏感！”可以在一瞬间让一位死板的争论者哑口无言，而那些争论者还满以为自己已经达到了他的证明目的。

这种沟通的基本信息着重强调的是自我表达的方面。就好像夸大倾诉的人带着一种铃声在（或一个定音鼓）跑来跑去，并喊道：“听着，听着，这就是我！”一位学生对自己的描述令人印象深刻，其中带有某种讽刺的距离感：

拉开帷幕！你们都在吗？——我准备好了。好戏可以上演了：这太让我兴奋了！

稍后继续：

我很熟悉这种对自我表达和备受瞩目的偏好。是的，我知道这个戏剧化的螺旋现象，它一旦开始运转，就会将自身发展成一个自行运转的推进器，把自己推得越来越高，直到与自己的内在脱离关系，形成深不可测的鸿沟。随后发生突然的黑屏死机，自然也是可以预料到的。这一刻，过度的快乐和绝望的啜泣会一同出现，但只有这种痛苦分离，才能防止过度加速的情况发生，使自我苏醒过来。

为什么会这样呢？没人听到我的声音吗？没人注意到我吗？我能感觉到自己正处于极端状态吗？

可见，自我展示的内容可以有很大不同，其典型标志是重音强调。需求依恋趋势是用无助的声音含着眼泪说："我要玩完了！你要不现在立刻来帮我，要不就让我自生自灭去！"与自我证明趋势相关的信息是："我是如此特别！"还有一名学生这样告诉我们：

被人注意到——对我来说是非常重要的。因为我不是一个没有凭借什么就能在众人中脱颖而出的人。对，不能那样，最好有什么独一无二的方面。出于这个目的，我总会强调自己曾经有过在法国南部学习的经历。对于那里发生的一切，没有人会和我有相同的经历。这简直太完美了，而且一定要完美才行。平庸对我来说是致命的。

这种基本关系信息很容易产生双重影响：一方面，同伴会被告知，他是多么的重要——这已经通过他周全的关照表现出来；另一方面，经过一段时间后，他感觉自己仅仅是一块面向公众的共鸣板，因而他便发觉，自己虽然引起了强烈的反应，但那并不是他真正想要的。别人也可以用一样的词句和语调向他人讲述同样的故事，并且观众是可以自行选择的。通过这种方式，即使面对再强烈的沟通倾向，也可能会出现一种奇怪的零沟通状态。最后的基本诉求是这样的："请将你的注意力转向我，成为我自我表现的见证人！"

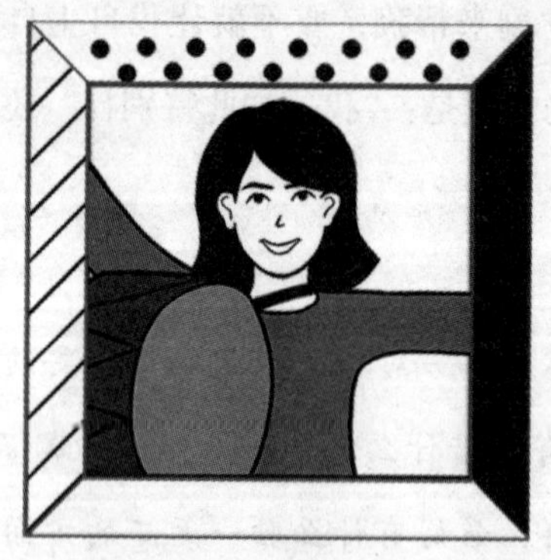

图100　夸大倾诉型的基本信息

在我们深入探讨交流变体之前，对于有这种沟通模式特点的人，我们至少要先简单看一下他的心路历程。他这样的情况可能是，孩童时的他有过被人忽略冷落的经历，除非孩子“开大音量”，以此成为焦点，才不会受到忽视。那么心灵公理就是：

> 我不重要！我真正的感觉并没有人在意。只有当我在台前巧妙地进行表演或者采取有力措施时，我才会被注意到。

他们自身的常量体征可能不足以引起他人的重视，有这种经历的人将会使用提高关注度的手段。在朝气蓬勃的会话背后隐藏着这样一种忧虑，即害怕自己的活力会悄然枯竭。

每当“发生情况”的情形出现时，他就会立刻引起对方的注意。如果消息的主要接收人就是当事人本身，且他的谈话对象只不过像是一块共鸣板，在这种情况下，对其发展过程和“症状”的破译和理解就会变得更加困难。根据门佐斯的观点，“歇斯底里”的本质在于，当事人的内部和外部处于一种混乱的状态且越来越沉溺其中，这种状态在某种程度上让他感到自己与众不同，并让旁人眼中的他看起来与他本身不同。在这种情况下，相应的沟通方式带有一些虚假夸大的成分，情感则负责对它们进行策划和“制造”。

真诚的关照可能会成了过分热情，沮丧可能会升级为悲痛欲绝，在大吵中的不快也许会演变成在巨大的愤怒之下将对方拒之门外。但也可能，所显示的情感不（仅）是在强烈程度上，而是在其特质方面更容易陷入“纷乱状态”。在人们期望无声忧虑的情况里，出现的情况大都是激动的抱怨，不是悲伤而是愤怒，不是恼怒而是表现出嘲笑。至少，在紧张、冲突和情绪敏感的情况下，谈话中的气氛就会陷入“少许偏离混乱”的状态中。因为所说的事情可能并未触及要点，这大多是通过回避边缘问题来实现的。

即使如此，他却将这些情绪两倍三倍地放大到了无关紧要的小事上，而这些小事连同极度欣喜或痛苦的情绪一起被拖到了台前。让我们以一位十分生气的离婚丈夫为主角构想一个例子（请注意：生气这个用语，已经假设了其在情感过程中活跃的身份）。比方说，他的女儿同她母亲一起生活，这个丈夫对女儿“不合适的发型”感到生气。为什么他要小题大做？与家人的分离对他来说是一种关乎存在的破裂，给他带来了许多痛苦、伤害、悲伤和愤怒。当他在自己和别人面前显示“对这件事的掌控权”的时候，他并没有摆脱这些感情。而女儿不合适的发型的出现，可以转移小部分的这些情绪——即那个无关紧要的理由不会引起与存在问题相关的忧虑，只不过其中象征性地包含那些在他眼里不合适的事情，而且这个情况还会继续下去。

事实上，这种相互关系大多会比这里的更复杂，尽管如此，在这个例子中，“歇斯底里的冲突处理”的大部分性质还是很清晰的：

回避和未了结的情绪居于幕后。

分散真实情感，选择小事作为情绪转移的对象。

形成情感表达的不和谐特质和强度。

无意识的目标：在某人自己或其他人没有注意到真实状况的条件下，减缓来自内心的冲突。

通常，这种行为的目的是填补自己的内在空虚。为了感受到自己，歇斯底里的人通常需要强烈的情感体验，并且他也知道，这种体验强度可以通过情感过量来实现。对生命的渴望造成了对强烈刺激、多样化和新体验的不断追寻（甚至是高风险、危及生命边缘的经历）。对于沟通来说，这意味着相关人士会描述许多激动人心的事情，因为他有意无意地做了这样的设定，生活中会不断发生有趣的事情。让我们回顾一下之前例子中的原始声音：

但在我身上也经常发生令人难以置信的事情，好比说，不久前我不得不从汉诺威赶去慕尼黑，特别匆忙，但你猜怎么了？就在我飞速赶往站台的那一刻，我还可以看到火车尾在拐弯处转弯！天啊！我的意思是，我迟到了，我不否认——但这也真是太不走运了！但是，塞翁失马焉知非福，我在车站里遇到了一个非常好的男性，他开着一辆车打算去弗伦斯堡！后来他问我想不想一起去——这时我就在心里面想：是啊，为什么不去呢？因为真正的目的地只会随着时间的推移而得到证明。去弗伦斯堡的旅途绝对疯狂！我们在途中还带了两个搭便车的人——两个疯狂的家伙！特别是那个……也就是……（笑了又笑，无法平静下来）那个男乘客在旅途中居然向我求婚了，还特别郑重其事！我先是同意了，但随后我意识到这可能是一个美好的错误！哦，再后来到了弗伦斯堡……

这个倾听着的“普通人”，半摇头半嫉妒地获得了这样一种感觉，即这类激动人心的事情永远不会出现在他的生活中。甚至有可能，他会渐渐地怀疑，在一种单调乏味的生活中不存在什么真的值得诉说的东西，所以他只能保持入迷的倾听者这个角色，他偶尔会给出惊喜、着迷和激动关切的反馈。健谈者感觉证明了自我，这才真的令人兴奋。如果对话伙伴还没有完全气馁，且正准备找机会说一些关于自己的事情，那么他就会用惯用语“对，对，我知道，我也这样，也就是说……”，再次快速地抢过接力棒，这种“自我比喻”的（针对自己的）交流方式促成了（完全和信息接收者的可替换性一样）很少发生的谈话。

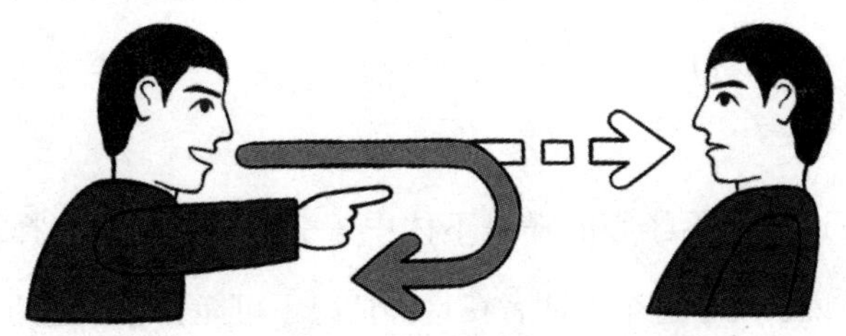

图101　夸大倾诉型的“自我比喻”交流模式

我有一位偶然被这种趋势所控制的同事，一次，我的意见打断了他的话：“好了！现在也该谈谈我了吧！”他的回答是：“对，对，的确！我们现在该说到你了，你觉得我的新书怎么样？”

直接或间接的自身特点是健谈者最喜欢的主题。因此，我们会随时收到关于他多变的心理状态走向的几近完备的报告，关于食欲和消化、身体反应、疾病和情绪，当天经历的细节以及对此的每个想法和联想，简而言之，这个人外部和内部发生的一切事情。

然后，在路上，我突然感觉到无比饥饿，即使我在家还额外多吃了一片面包。虽然其他人都在忙着别的事情，但我说：“请自便，各位，我必须马上吃点儿东西！”于是我们就中途歇息，然后又出现了这个情况！在这期间我就在想，自己可能只是需要休息一下。

而在其他情况下我也经常会这样，我觉得我需要一些东西，后来发现我只是感到疲倦和疲惫而已！比如最近，当我们……

在这些漫不经心的喋喋不休中，引人注目的是选择缺乏，也就是说，对于这个对话者在这种情况下可能会感兴趣的内容，说话者并没有在内心进行充分的预选。缺乏沟通会导致这样一个事实，即夸大倾诉者的愉悦感，虽然他得到了满足，但他仍未从他的困境中被解救出来。一位逐渐在自己身上认识到了这一切的学生，这样说道：

我意识到，自己其实非常孤独，尽管他人对我有很多的了解，但实际上我跟他人没有过多的接触。我感觉自己一直在一个以我为中心旋转的圆圈中，我最渴望的是从中间走到边缘，那是我可以由内向外看的地方。

当这种治疗失当在自我体验研讨会中出现时，参与者会渐渐地适应于一种“心理话痨”，它会在不知疲倦的自我耽溺中以及相关隐语中疏伐其内心世界的灌木丛。这种情况若出现在一位“心理贵族”的意识中是很危险的，这会使其更难以觉察到其中存在的零接触。回头来看一名学生所经历过的这类谈话，他将其称为单行道和死胡同：

> 在……的时间里……我只提和自己有关的。如果有人和我说了一些事情，那么我只会告诉他其中和我有关的情况。于是我们便简单而快速地回到了我的困难问题上面，而其他人的问题根本就不再重要了。有这样一次谈话，它没有给我带来任何恍然大悟的感觉，对我来说这只不过是在闲聊，在内心世界中刚走上的自我旅途让我觉得，把这种感觉说出来是有必要的。以这种方式走上的道路会变成一个死胡同，并且是单行道，是没有办法回头的。除了作为催化剂使我更专注于我自己以外，我其实已经完全不需要其他人了。他们很快就发现了这件事，有些人撇下了我，让我像一直以来那样独自一人。

我们再次遇到了“伪……”的基本特点，这里是一种伪坦诚，其特征在于，为了在自己面前（以及在其他人面前）以“坦诚”的形象出现，当事人会有针对性地组织语言。于是，沟通的内容和话语已经丢失，它成了一种自我证实的手段。

我们已经设想了不同的心灵目标，其中可能合适于夸大倾诉风格的一种手段为：被注意到以活力填补自我的内在空虚以及操控自我的感觉，使其与自身形象能够兼容。滔滔不绝而且一直不给对方任何插话的机会，无意识目标可能会附加于这类“健谈”之中，或许还会在谈话中起决定作用，即完全掌控情境和信息往来。任何蓄意以对话方式建立联系的人一定要对此有所戒备，即当他对根本无法“理解”的话题、想法和感受提出问题或谈论要点时，就会存在触及内在禁忌的可能。那些对此感到极大恐惧的人会自言自语道：“这件事就这样被他掌控了。”

生活中，拥有这种风格的人里女性占多数。这也与家庭中的早期关系动态相符。与之相关的还有我们的社会传统，即在男性那里受到重视的是一种成就，女性则是吸引力。尽管如此，所有类型都藏在每个人身上，许多男性的这个方面偶尔也会显露出来，个别男性还会经常出现这种情况。

8.2 体系循环

在哪种人际交往的环境中戏剧化沟通的洪流能够蓬勃发展？通常情况下，受到更多控制和抑制的关系伙伴会将他们的生活（包括他们的情感生活）放在安全的赌注上，对传播者和剧作家的迷恋，是为了将他们与自己联系在一起。这样做是希望那些富有表现力的伴侣为他们带来“他们自己不想要的生活”。作为一个明确的旁观者，他们咒骂对方，他们希冀参与激动人心的生活，从而逃避自己单调的生活。这往往会带出自己的性格。以下引自一位学生：

> 我知道我说的太多了。我常常会注意到这一点，但我无能为力。在和某些人的关系中，它一次又一次地发生在我身上。特别是与我的搭档，实际上他刺激我这样做。我想听他一次，但并没有什么令人兴奋的事情发生在他身上。他并没有完全推动叙述者的立场。

互补且完全和谐的循环看起来像下图这样：

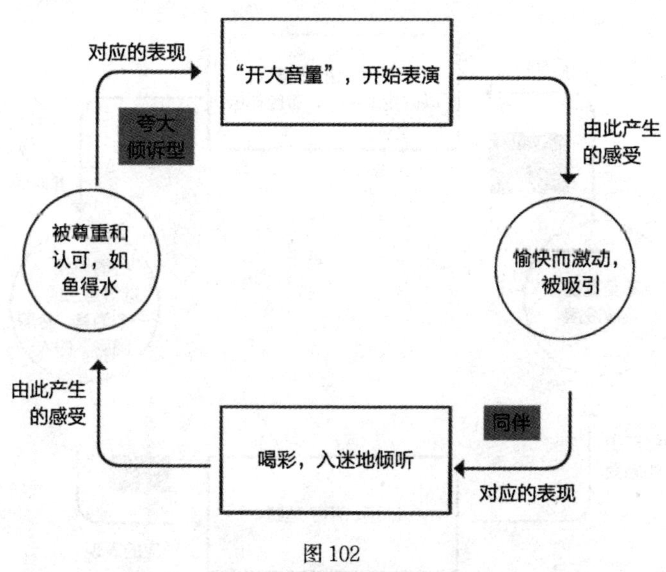

图 102

大多数情况下，这只是单方面的。随着时间的推移，这种戏剧性会渐渐变得无聊，迷恋和烦恼突然紧密相连。但当倾听者急躁地转身离开，拒绝关注传播者时，就会触及对方奉行的原则。我不重要，只有当我花费强大的手段时，我才会受到尊重！而且越是试图强行引起注意，就越让倾听的人烦恼。

并不是说这种恶性循环必然会超越并取代以前的和谐循环。但是，由于合作伙伴对外部阐述的渴望得以维持，我们通常期望两个循环同时或交替共存、并合，并为矛盾的混合体。由此产生的两种自我模式的固化与这种关系动态的缺点使双方感到互相侮辱的速度在缓慢增加。

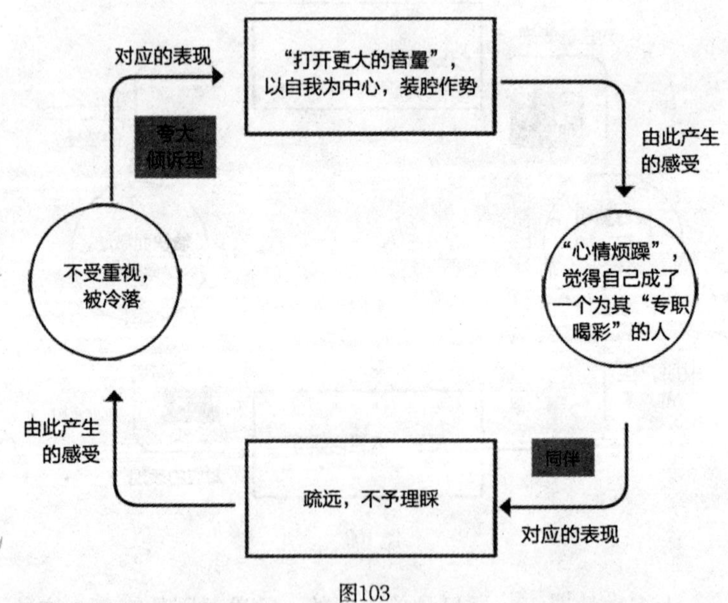

图103

8.3 个性发展方向

让我们首先回顾一下这种循环促进对话进行的那一刻。毫无疑问，这是促进它发展从而克服这些“呆滞迟钝”的能力和意愿，在这其中有不少逆循环可以为自己所有。与此相连的往往是天赋与魅力。它好像是一只色彩斑斓的鸟，因此它能够就此讲述并且以此给有着灰色日常的单调生活添加色彩。在个人看来，这些人优于情感存在风险的人，他们寻求在目标中拯救自己，并尽可能地避免自我沦陷。

尽管他们引人注目的“开放性”在某种程度上被证明是一种转移策略，好像他们以强烈欢迎的姿态放开他们的前庭花园让人进行检查，只有这样才没有人可以看到房子，但即便是这种分散注意力的自我揭露仍然揭示了很多。

由此会产生哪些发展方向呢？一方面，剧作家必须知道，随着谈话的泛滥，交谈的质量不会增加。只有沉默的能力才可能包含这些。

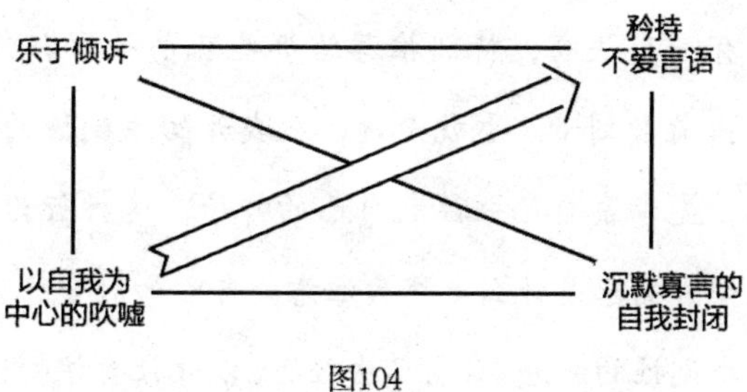

图104

朝这个方向迈出的第一步可能是有意识地保持沉默，而不是像往常一样用一些微不足道的话来填补空白。这说起来容易，但做起来却很难，因为交流的愉悦在这当中经历了非常不愉快和令人尴尬的修整，正如其所说："几乎不能再坚持了！"

在电话会议上，在集团内发言的部门负责人停下来担心这种沉默，然后他发现这让他想起了死亡。沉默的休整可能会引发与内心空虚的对抗，在自己死亡的部分中，没有必要被外部快速的生活所感知。我们再一次看到，任何一种接触行为都是平衡情绪的一个组成部分，不能简单地通过劝诫和个人意图来改变。

我们将暂停视为一种特有的干预措施，以此有效地破坏沟通者的模式。它不只有助于产生人际关系中的沉默和忍耐。如果你只是在明显增加愉悦交流中暂停，它也可以追问：究竟发生了什么？你好吗？你现在想要什么，你关心的是什么？你想避免什么？

显然，也可以自己提出暂停。引用学生报告的一个示例：

> 有一个诀窍，特别推荐给那些容易被冒犯的人，即外出前数到十。也就是说，在我开始戏剧性的行动之前，先考察自己并注意自己的样子，这种行为触发的欲望和需求是什么。然后注意，自己如何冷静下来，需要戏剧性的沉沦，让自己去经历，以此让自信心增长。

现在让我们来看看这种风格所固有的危险：当他们没有与伴侣的话题切合时，自我宣告的意愿会退化为单一的以自我为中心，这种关系会反复让其反对自己的思想和感情，并创造新事物。当然，也有这种人，他们是永远有耐心的倾听者，他们总能成功地让对方说话，这种人应该从沟通者那里学到一些东西。与往常一样，发展方向相交：

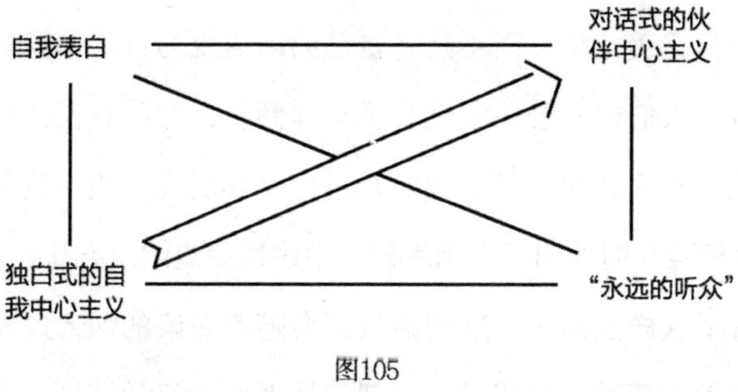

图105

这种对话联系该如何实践？有经典的培训课程——活跃、倾听和受控对话（在他人用自己的话表达意见之后，总是可以说出自己的意见）。事实上，一位学生让自己感觉到“转自己圈子”的经历可以作为典型痛苦的示例：

我经常有意识地退缩，或者试着在交谈过程中打断自己。然后，我的救赎就是向对方提出一个问题，然后再听一听。我相信倾听这个词以前对我而言就是一个外来词。

这种方式的一个很大的帮助就是学习心理疗法。在这样的对话中，你只需要脱离中心点，注意倾听并吸收对方的信息。对我来说，这就像一盏让我摆脱了以自我为中心的黑暗孤独的灯——积极倾听。

这里动人的时刻不是谈话技巧，而是态度的转变。对合作伙伴进行完美定位，而不是将自己的话语视为自己信息的关键提供者。人们偶尔会关注内心主动地倾听，这是真正让所说的话来到他身边，而不是立即对其进行外部反应。我在收到其他人的反馈意见时给出了在训练课程中愉悦交流的双方建议。

有了这样的建议，这句话就不会随着交谈的深入以及主旨的不断深刻而被一再提及：傀儡谈话者所进行的谈话，是巧妙轻松且有价值和有趣的。

因此，与前面讨论过的所有风格一样，人们希望发展内在的可能性，而不是通过失去祖先的才能，来优先进行沟通戏剧化的联系。

结语

这本书如果您已经阅读到了这个部分，那么您就可以通过人类接触方式的各种变体来认知自己，并了解每种风格的优点和危险以及它们之间典型的人际关系。这些知识能否帮助您更好地应对人际关系间的差异？或者您是否能用它做些什么？

类型学通常会邀请你将自己和他人同时置于系统之中。其中保持着什么联系呢？在阅读时，你的熟人和亲戚朋友可能会不时地突然引起你的注意："就像我的同事一样！这和我叔叔的生活方式如出一辙！"这种联系当然是可取的，因为它们促进了"物质"与自己生活的世界之间的联系，这对获取新内容很重要。至少同样有价值的是你会把自己与之联系起来。但是不要忘记：这是人类沟通方式的类型，而不是人类角色的类型！一切都会体现在个人身上，一个具体的人会用到描述中的所有模式——视情况和内在条件而定。同事或叔叔可能会体现出一种引人注目的"纯粹"的风格。通常，在某些情况下，它是某种人的典型组合和风格混合。

几年前，当我第一次向几位高管介绍这八种风格时，一位参与者热情地建议：“现在每个人都应该评估自己和其他所有人，每种风格的评分为1到10，然后让我们看看会发生什么！”收集整数、交换、相加、计算平均值，并发现其中的差异。因为小组间彼此很了解，结果没有让他失望。但如果你问我人们开始时应该如何对待这本书的内容，我的答案就不会是这个了。这种测试方法会产生一种错误的结果导向，例如，我是疏离型，而你是主导控制型！通过这种方式，一些过程性的以及流动性的不断发展的东西将被冻结，并被误用于分类原则。

利用计算机辅助工作的人事经理，根据他们的联系表围绕众多员工进行招聘，使用和推广的方法可能会令人失望，计算机被用在这里对人类是不公平的。当我们对定性关系感兴趣时，我们将继续作为人类，而不是这样的量化。例如：我在哪种情况下以哪种方式去了解哪种类型，对他人和自己都会产生什么样的影响？特别是在冲突和困难的关系中，我该如何与他人交往？面对对手的诱饵我会特别脆弱，是哪些言语让我自己被迷住并缄默不语，是什么让我恼火以至于不再交流？哪些价值观和发展模块特别适合我，什么样的支持可以帮助我？我以什么样的价值观为自己定位？

到目前为止，涉及个人水平的方面，从俯瞰的角度来看，我们可以尝试识别并更好地理解不同群体之间的差异。我们次又一次地讨论了男女之间的传统差异。

总之，无论是个案中的偏差还是目前正在发生的活动，都可以在以下方式中确定一种传统偏好：对于女性来说，依赖、无私的比例更大一些；对男性来说，则更多的是有远见，咄咄逼人的方式和挑衅的风格。帮助和控制风格，应该同样存在于两性中。这些不同的概况存在一定的机会和危险，目前它们是人们关注的焦点，特别是在专业领域中。

越来越多的女性开始在关键的职业和公共生活岗位上享有平等的地位。虽然她们的人际互动方式会提供一些新的东西和变化，但她们往往不容易（并且不会轻易）到达由男性主导的职业社会的较高层面（在双重意义上），除非她们能够适应并成为“更好的男性”。然而，伴随着自身的强化和异化，这对女性和职场世界来说都不是有益的人道主义进步。它会怎么样？问题绝不仅仅是我们在这里所遵循的沟通方面。一个更根本的障碍是，许多女性因为对家庭和孩子的强烈依恋而不具备可用性。

如果有一天，她们拥有更好的儿童保育设施，并且男性增加了家务劳动的分工，那么我仍然怀疑她们是否还能有今天所需的意愿将其大部分生命能量绑定到目的不明确或可疑的目标上。这种工具性的奉献，加上个人的野心，到目前为止我几乎只在男性群体中观察到过。

让我们回到沟通障碍的方面。克服它们对两性都是一个巨大的挑战，无论是专业的还是私人的，两者都可以获胜。那该怎样做呢？是否应该因为其中一些有价值的东西而保留差异？或者女性和男性在人格发展方面应该相互接近？两者都要！

交叉的发展方向，在价值模块中一次又一次地被使用，为我们提供了新的方向和帮助。但真正的目标不是男性变得更像女性，女性更像男性，而是让他们能够根据自己的价值观和欲望去塑造自己在关系层面上的意义，让两者都变得更加人性化。在这个过程中，差异肯定会得到保留，甚至更加明显。只有当女性有自我主张的可能性时，她才能有效地走出她身边的一切深渊并变得可见；只有当男性能够完全把他的所有柔软、敏感、脆弱和需要展现给自己时，他才能真正揭示自己的独特性。

在我看来，沟通的主要区别不再是男女之间的区别，而是不同专业群体成员之间的区别。经济学家和社会科学家约瑟夫·胡伯谈到了我们生活的双文化社会：特别是在劳动世界中，一方面是商业技术的成员，另一方面是社会职业的成员。在这里，工程师、商人、律师、学者、计算机专家（主要是男性占主导地位）、社会工作者、顾问、教师、心理治疗师、人文学者（女性和男性约各占一半），有些与事物（机器、计算机、数字）有关；有些与人（儿童、青少年、老人、病人、残疾人）有关；有些人面临市场和竞争的狂风，受到忙乱和异化的威胁，其他人在福利国家和公务员的腹地得到庇护，但却受到社会预算削减和工作太少的威胁。

当然，在我看来，无论社会的哪些重要问题存在争议，这些潮流都与他们不同的世界观和生活态度相冲突！即使在字里行间的感受产生共鸣的情况下也是如此，即使在他们身上发生了什么，他们也可以像人一样表达并变得有形（并且易受攻击）。在职业竞技阶段，他们往往很难形成明确的角色意识并进行相应的沟通，也就是说，要区分其所关注的和无关紧要的东西，情感在哪里是重要的和在哪里是不重要的，哪些符合他们的角色以及哪些不相符。对大多数人来说，接受比对抗更容易，真实性比有效的修辞更容易。他们必须学会为自己的目标而战，说服并有效地展现自己，处理诸如金钱、权力、等级、竞争等问题，而不是羞怯。

所以，作为一名沟通老师，我常常会遇到一种奇怪的情况，我会用自己迫切推荐给别人的东西来警告一些人。如果存在部分这样的人，他们一再进行关系塑造，却使关于关系的真正任务从眼前消失，在那个时候，他们会对强硬派在人际会话和小心的关系解释中不太习惯的方面进行过度培养。但是，这种特殊性合乎交叉发展方向的逻辑。无论是男性还是女性，或者不同职业文化的成员，在我看来重要的是，如果不同风格世界的代表必须互相打交道，然后互相交流，那么他们知道彼此间的这些差异，能够减轻他们互不情愿的念头。比如那些学过一点儿外语的人可以翻译一些东西，并将外语中一些有价值的东西化为己用。